TÚ PUEDES SER EL MILAGRO

TÚ PUEDES SER EL MILAGRO

50 lecciones
para hacer posible lo imposible

REGINA BRETT
AUTORA DE
DIOS NUNCA PARPADEA

DIANA

Título original: *Be the Miracle*
Traducción: Berenice García Lozano
Diseño de portada: Lizbeth Batta Fernández
Ilustración de portada: Miguel Chávez / Alma Nuñez
Fotografía de la autora: James Sullivan

Bajo el sello editorial DIANA M.R.
Avenida Presidente Masarik núm. 111, 2o. piso
Colonia Chapultepec Morales
C.P. 11570 México, D.F.
www.editorialplaneta.com.mx

Primera edición: abril de 2012
ISBN: 978-607-07-1095-7

Todas las citas de la Biblia fueron tomadas de la Versión Autorizada del Rey Jaime.

Un agradecimiento especial por los siguientes permisos:
Las columnas que originalmente aparecieron en el *Plain Dealer* se reimprimen con permiso de Plain Dealer Publishing, Co. El *Plain Dealer* tiene los derechos de copyright de las columnas escritas por Regina Brett, del año 2000 al 2011. Todos los derechos reservados.

Las columnas que originalmente aparecieron en el *Beacon Journal* se reimprimen con permiso de Beacon Journal Publishing Co., Inc. El *Beacon Journal* tiene los derechos de copyright de las columnas escritas por Regina Brett, desde el año1994 al 2000. Todos los derechos reservados.

Impreso en los talleres de Litográfica Ingramex, S.A. de C.V.
Centeno núm. 162, colonia Granjas Esmeralda, México, D.F.
Impreso y hecho en México – *Printed and made in Mexico*

Para Gabrielle,
mi primer milagro

Contenido

TÚ PUEDES SER EL MILAGRO

Introducción

En lo cotidiano, todos tenemos encuentros con hacedores de milagros. La mayoría de las veces, estos poderosos ejecutantes vienen disfrazados de personas comunes y corrientes (maestros, peluqueros, enfermeras, secretarias, cajeras, taxistas y demás).

Jamás olvidaré aquel día en que hecha un manojo de nervios me detuve a pagar el estacionamiento. Por lo general, al acercarte a la pequeña caseta de cobro, el movimiento es el siguiente: te detienes, el cobrador extiende la mano, toma tu dinero, te da el cambio y te vas. Las miradas jamás se cruzan y ninguno recuerda el encuentro.

Esa vez, el empleado asomó su cabeza con mucha convicción, ofreció una enorme sonrisa mientras me veía directamente a los ojos, me saludaba de mano y me bendecía antes de que yo partiera.

Me comentó que amaba su trabajo y lo veía como un sacerdocio para bendecir a la gente que, al transitar por su estacionamiento, se encaminaba hacia el resto del día. Donde yo veía un simple trabajo de cobranza, él contemplaba una misión de vida. El empleado me dejó sintiéndome renovada y serena.

Todos hemos tenido momentos como este y suceden cuando estás con aquella gente que sabe que cada persona importa, que no necesitas ganar mucho dinero para hacer una gran diferencia, que simplemente se puede empezar en el lugar donde uno se encuentra y, de ahí, expandir el bien.

Es tan fácil sentirse abrumado por todos los problemas que hay en el mundo; y con base en esto, cuántas veces escuchamos a alguien decir: *¿Por qué nadie hace algo al respecto?* Tal vez estas palabras hayan salido de tu propia boca como, sin duda, han surgido de la mía. Escuchamos malas noticias y susurramos: *Se necesita un milagro para que el panorama mejore.* De esta manera, nos sentamos a esperar y esperar y esperar a que alguien más haga el milagro.

Queremos que sea otro quien actúe, pero los milagros no consisten en lo que las demás personas hacen, sino en lo que cada uno de nosotros realiza. Los milagros son lo que sucede cuando la gente ordinaria actúa de manera extraordinaria; ser un milagro no significa abordar los problemas por los que atraviesa el mundo, sino hacer una diferencia en tu cubículo, sala, colonia o comunidad.

Durante los últimos 26 años, he tenido el privilegio de ser columnista para el *Plain Dealer* de Cleveland, y antes de ello, de trabajar como reportera en el *Beacon Journal* de Akron. Por eso es que he podido ser espectadora y sentarme en primera fila a presenciar el espectáculo de la vida. La gente común y corriente de todos los senderos ha abierto sus corazones y compartido conmigo la forma en que han hecho de lo imposible algo posible. A lo largo de este libro vas a conocer a algunas de ellas, pues varias de las historias incluidas aquí aparecieron originalmente en aquellos periódicos.

Mi viaje a través del cáncer inspiró mi primer libro, *Dios nunca parpadea: 50 lecciones para las pequeñas vueltas que da la vida.* Escribí mis primeras 50 lecciones para agradecer el hecho de estar viva y contemplar que mi kilometraje llegaba a los cincuenta. Hace 13 años, cuando me quedé calva debido a la quimioterapia y me sentí débil por la radiación, no sabía si podría seguir envejeciendo. En el camino, me encontré con innumerables personas que habían sobrevivido al cáncer, las cuales me enseñaron a trabajar en lo posible, sin importar el pronóstico.

Esas 50 lecciones viajaron por el mundo, primero como una columna, después como mensaje de correo electrónico reenviado por el país y el globo, después como libro. Ejecutivos de alto nivel, sacerdotes, jueces y trabajadores sociales las citaron. Las lecciones han sido reimpresas en cientos de gacetas, boletines de iglesias y periódicos de pequeñas localidades. La gente lleva consigo la lista de lecciones en sus carteras, las pegan en algún rincón de sus cubículos y las colocan bajo imanes en el refrigerador.

Alguna vez escuché a alguien decir que la gente lee para saber que no está sola, así que espero que estos nuevos ensayos, historias y columnas reflejen verdades personales que, en realidad, son universales. Espero que este libro te ayude, por una parte, a abrazar y aceptar tu ser y, por otra, a manifestar tu versión más elevada, la que es capaz de hacer posible lo imposible.

No podemos hacer todo, y lo que podemos llevar a cabo no es perfecto, pero está bien. Todo lo que se requiere de nosotros es comenzar aquí y ahora, pues eso es lo que hará toda la diferencia en el mundo.

LAS CINCUENTA LECCIONES

LECCIÓN 1

Si quieres ver un milagro, sé el milagro.

Ser Dios puede ser un tanto cansado.

No es que yo lo sepa por experiencia personal, pero después de ver la comedia *Como Dios* es evidente que el trabajo es más difícil de lo que la mayoría de nosotros pudiera imaginar, con todas esas plegarias y peticiones interminables.

En la película, el actor Jim Carrey interpreta a un frustrado reportero de televisión que se queda atorado en el tráfico, lo despiden, le pegan y no puede deshacerse de un perro que constantemente se hace pipí en su silla favorita.

—Dios, ¿por qué me odias? —grita el reportero.

Yo nunca he hecho realmente esa pregunta, pero en algunos momentos (incluso días completos) me he llegado a sentir como el colmo de uno de los chistes de Dios.

Esos días que sales de la casa y te das cuenta —demasiado tarde— de que el elástico de tus calzones se ha desintegrado, o cuando te pierdes de camino hacia una entrevista de trabajo, o un pájaro decide aligerar la carga en tu nueva blusa de seda.

En la comedia, el actor Morgan Freeman hace papel de Dios, y ofrece un desafío al hombre que se considera una hormiga debajo del Bravucón que, sentado bajo el sol ardiente, sostiene una lupa sobre los bichos que se retuercen entre la tierra calurosa. Ante esto, Dios dice:

—¿Crees que tú puedes hacerlo mejor? Aquí está tu oportunidad.

Y después deja que el infeliz humano dirija el universo por un rato.

Al principio es divertidísimo, pues puede separar las aguas en un mar de tráfico y en un tazón de sopa de jitomate, borrar las nubes y agrandar la luna, aumentar el busto de su mujer y dejar que todo el mundo gane la lotería, aunque la ganancia sea de solo 17 dólares por cabeza.

Embriagado de poder, el reportero grita: *¡Hágase MI voluntad!*

Es atemorizante, pero solo porque él es capaz de expresarlo. La mayoría de nosotros no sería tan audaz como para decirlo en voz alta, pero nuestra voluntad siempre parece ser mucho más divertida que la de Dios. Yo solía luchar al entregarle mi vida y mi voluntad al Señor, pues temía que me mandara una vida aburrida, con muy poca diversión y nada de sexo. ¿A quién no le gustaría representar el papel de Dios? Caramba, ¿por dónde empezarías?

Tendrías que hacer la eliminación obligatoria de la pobreza, la enfermedad, el odio y la maldad en el mundo. Hacer que los ciegos pudieran ver; los sordos, escuchar; los lisiados, caminar. Ya sabes, todas las promesas que la ganadora de Miss Universo hace al final de la ceremonia, sosteniendo un ramo de rosas más grande que un niño de seis años.

¿Qué te parece esto? Todo bebé nace saludable y durante el parto no se experimenta dolor. (En otra ocasión atenderemos el asunto de la sobrepoblación que esto causaría.) Además, todos los jóvenes irán de manera gratuita a la universidad.

En vez de que los fines de semana tengan dos días, hazlos de tres. Y que todas las personas en el mundo puedan gozar de unas vacaciones de cuatro semanas.

¿Las mujeres y la menstruación? Un error mayor de diseño.

¿Qué tal un mundo donde los hombres no se queden calvos? Donde realmente puedan leer la mente de una mujer y comprarle chocolates Godiva para el día de San Valentín, en lugar de lencería comestible.

Un mundo donde los Indios de Cleveland ganen la Serie Mundial al menos cada diez años. No, mejor dicho, cada cinco. Bueno, una vez en mi vida sería lindo.

A la Biblia no le vendría mal una buena edición, para que fuera fácil entenderla y no se prestara a tanta mala interpretación. Dale a Job un respiro antes de que pierda a toda su familia y todo lo que posee. Elimina algo de las enfermedades y las plagas.

Dale a aquellos que viven en Cleveland el tipo de clima que disfrutan los de San Diego; vamos, necesitamos un descanso, ellos tienen el océano, así que me parece justo.

Haz que nieve en todos lados durante la Navidad.

Evita que el pelo siga creciendo más allá de las fosas nasales y los oídos de los hombres, así como en las piernas de las mujeres.

Extiende octubre y esos maravillosos otoños al menos durante diez días.

Expande todos los corazones y encoge todos los egos.

Al mundo le iría muy bien sin hormigas rojas, pulgas, mosquitos, escorpiones, serpientes, arañas y cucarachas. Sí, sí, son parte de la cadena alimenticia. Hablando de comida, vamos a desaparecer las coles de Bruselas, el queso *cottage* y la berenjena de la faz de la Tierra.

Lo mismo para los tornados, huracanes, aludes, tormentas de nieve, terremotos y tsunamis. Seguramente incluso Dios se avergüenza de haber permitido que se le colaran al consejo de diseño la E. coli, las bacterias que se comen la carne y el herpes genital.

A favor de Dios, ninguno de nosotros hubiera podido concebir los arcoíris, el fuego, la música, los sueños, las estrellas, los rayos, el sexo, los venados, el Pacífico, el Gran Cañón, las Cataratas del Niágara.

¿Sería demasiado pedir que en los cumpleaños cada uno de nosotros pidiera un deseo que se cumpliera?

Lo sé, lo sé: *Hágase Tu voluntad, no la mía.* Como dijo Dios en la película: *Si quieres ver un milagro, sé el milagro.*

Ese es un buen consejo para todos nosotros, los mortales.

En vez de buscar pruebas de la obra de Dios en trucos de magia, encuéntrala en el momento. En vez de buscar milagros de arriba, encuéntralos adentro. En vez de buscar el cielo en alguna otra parte, crea una porción de este aquí. En vez de buscar una señal de la presencia de Dios en un arbusto que arde, un rayo o una estatua que llora, experiméntala a cada momento y en todos lados.

Cuando hay una tragedia o un gran problema, tendemos a preguntar: *¿Dónde está Dios?* Imagina lo que sucedería si cada uno de nosotros tomáramos la iniciativa y dijéramos: *Aquí está Dios. Justo aquí en mí; justo aquí en ti.*

Dios está en cada uno de nosotros, en medio de cada tragedia y problema. Depende de nosotros invocar nuestra luz y nuestro amor para convertirnos en el milagro, aquí y ahora.

LECCIÓN 2

En ocasiones, hacer feliz a alguien es suficiente.

Si viste la película de Jack Nicholson, *Las confesiones del Sr. Schmidt,* más o menos como a la mitad de seguro te preguntaste si este hombre realmente le importaba a alguien. La compensación llega al final del filme, cuando en medio del desastre que es su vida Schmidt se da cuenta de que le importaba a un niño.

Algunas veces estamos tan ocupados tratando de darles felicidad a todos los que nos rodean, que no nos percatamos de que quizás es suficiente con hacer feliz a una sola persona. Mi amigo Kevin Conroy, un sacerdote católico, vive bajo este lema: *Empieza con los pobres.* Él ha trabajado como misionero en El Salvador y en Camboya, y es el hombre que recibe los cheques que aporta la gente en Estados Unidos para ayudar a los niños que necesitan comida, libros o medicinas.

Lo conocí en 1986, cuando me encaminaba hacia mi primer trabajo como periodista, decidida a cambiar el mundo, pero en vez de ello, tuve que cubrir las reuniones de zonificación donde se discutían asuntos como qué tan alta podía construirse la barda de un jardín en Lorain, Ohio. Aburridísimo. Después el periódico quiso hacer una serie sobre la pobreza, entonces yo de inmediato levanté la mano, ¿pero dónde encuentras a los pobres? Todo el mundo me decía:

—Habla con Kevin, él sabe dónde están todos los pobres.

El Padre Kevin me llevó por todo Lorain, Ohio, hasta las vías del tren, los moteles, los lugares donde regalan sopa. Había gente pobre en todas partes. ¿Cómo era posible que jamás los hubiera visto?

Kevin hizo trabajo como voluntario en El Salvador y después en Camboya, y me enseñó que nunca debemos olvidar que los pequeños actos de amor constituyen la esencia del sacerdocio.

—Yo habito un mundo donde se sobrevive con un dólar al día —dice Kevin. En Phnom Penh, él trabaja con niños huérfanos a causa del SIDA, y todos ellos, los 270, son VIH positivos; el menor tiene tres años, y el mayor, dieciocho.

En una ocasión, Kevin se separó de ellos para visitar a su familia en Cleveland, y los niños lloraron, pues temían no volver a verlo jamás. En el mundo de estos pequeños, cuando alguien se va, no regresa. En otro momento, cuando el sacerdote debía ir al aeropuerto, los niños hicieron una rifa para ver quién podía acompañarlo en el auto.

La filosofía de Kevin consiste en que algunas veces está bien dar pescado antes de enseñarle a la gente a pescar. Si no les damos pescado, dice, los niños con SIDA no vivirán lo suficiente como para aprender a pescar. Él cree que servir a los pobres significa ir a donde te necesitan, aunque no te quieran, y quedarte hasta que te quieran, pero no te necesiten.

Una de mis historias favoritas de Kevin es la que narra cuando fue a Honduras para brindar ayuda después del paso devastador de un huracán. Tres días después de que el huracán *Mitch* golpeara el lugar en 1998, distintas organizaciones se encontraban enloquecidas recaudando suministros médicos, aspirinas, antibióticos, vendas y equipos para primeros auxilios. La gente tenía una gran necesidad de ayudar, por lo que, sin mucho orden, empezó a dejar provisiones en las iglesias y los aeropuertos.

En cinco días, la tormenta había derramado 150 centímetros de agua sobre Honduras. Este evento cambió a la gente y la apariencia del lugar para siempre, y se llevó 19 mil vidas.

Los hondureños necesitaban medicinas, no juguetes, así que una enorme muñeca estaba totalmente fuera de lugar, pero en el aeropuerto una mujer había insistido en que el monigote llegara. Mientras esta persona empacaba comida para las víctimas del huracán *Mitch*, sus hijos tomaron la muñeca del cuarto de su madre y la pusieron junto a los suministros. Ella les había dicho que la muñeca no podía ir, que la regresaran a su lugar, y como había sido suya desde que era niña, se iba a quedar en casa.

Tres veces se había dado ella la vuelta, y tres veces ellos volvieron a poner la muñeca junto con las provisiones. La cuarta vez que esta mujer la vio, tuvo que abrazarla y llorar, pues la muñeca se iba.

Ella llevó los bastimentos y la muñeca a Martha Ponce, presidenta de la Asociación Hondureña en Cleveland. Abrazó fuertemente la muñeca y le dijo a Martha cuánto significaba para ella e insistió en que terminara en los brazos del niño correcto.

Martha no planeaba ir a Honduras, pero finalmente se unió a otros en una misión de caridad de cinco días. Ella había dejado su lugar de nacimiento hacía 23 años. Además de Martha, iban Kevin y George Muehlheim, un paramédico del Departamento de Bomberos de Cleveland, quien se sintió inspirado a ir después de ver el desastre por televisión. Como todos ellos, él se sentía afortunado en la vida y quería darles algo a los necesitados.

Cuando Kevin y George se encontraron en el aeropuerto,

no estaban muy seguros de qué hacer con la muñeca, que era tan grande como un niño de dos años y sobresalía entre las maletas, cajas y mochilas de antibióticos, suero y otras provisiones médicas que habían donado las iglesias y las farmacias de la localidad. ¿Por qué tenían que molestarse en llevarla?

La dueña de la muñeca había proclamado:

—Ustedes sabrán a *quién* dársela.

No creo que yo vaya a saberlo, pensó Kevin, entornando los ojos ante el pensamiento mágico. La muñeca con el largo cabello rubio ni siquiera era apropiada culturalmente para una niña hondureña.

Kevin fue el primero en tener que aguantar al monigote, pues lo llevó sentado en su regazo durante el viaje en avión. La aeronave estaba llena de técnicos en emergencias, gente en uniformes de la Cruz Roja, incluso perros de rescate. Cuando llegaron a Honduras, el grupo se separó en distintos vehículos. Estaba tan destruido el lugar, que les tomó todo un día llegar a su destino.

Kevin apretujó la muñeca para que cupiera junto a él y otras tres personas en el taxi, que era un Volkswagen clásico. Arrastraron la muñeca por un lecho de río lleno de piedras, y a través de un ascenso de diez metros sobre una escalera improvisada que se doblaba con cada paso. Kevin se preguntó más de una vez por qué estaban cargando con la muñeca, y susurró en numerosas ocasiones: *¿Qué estamos haciendo con esta maldita cosa?*

La respuesta llegó cuando conocieron a una niña de ocho años que le había estado diciendo a todo el mundo:

—Alguien me va a traer una muñeca.

Al anochecer, llegaron al pueblo de Jutiapa, que todavía seguía sin electricidad. El equipo planeaba dejar las provisiones en las clínicas de la localidad y ayudar a distribuirlas para tratar a los enfermos. Se detuvieron en una iglesia donde Martha comentó al sacerdote y a otros dos hermanos religiosos sobre la muñeca. Al unísono, los tres hombres dijeron una palabra: *Kaila*.

¿Kaila?

Se trataba de una niña pobre a quien no le iba muy bien, incluso antes del huracán. Después del desastre, ella ofreció su ayuda en un albergue provisional de la aldea. Cuando 200 personas acudieron a comer, Kaila permaneció ahí y lavó los platos; también se quedó al día siguiente cuando 300 personas aparecieron, y unos días más tarde cuando fueron 400 las personas que llegaron a refugiarse.

La familia de Kaila había perdido todo en el huracán y se estaba quedando con algunos parientes. Ellos no tenían mucho en su choza de adobe, la cual había sido totalmente destruida. La niña era tan pobre que no tenía juguetes, ni siquiera una muñeca para jugar. Las otras chicas la excluían de sus juegos, burlándose de ella y rechazándola por su miseria.

Poco después de las burlas, Kaila tuvo un sueño: alguien le traería una muñeca. Ella se había despertado emocionada y le describió la muñeca a su madre. Además, les contó la historia a los niños durante el catecismo, y también al sacerdote de su iglesia.

Su madre le prometió que algún día tendría dinero para comprarle una muñeca.

—No —protestó Kaila—, alguien me va a traer una.

Cuando vio la muñeca, la pequeña de pies descalzos lloró. Era igual a la de su sueño, tenía el mismo cabello largo, el par de coletas, los moños y el vestido floreado.

—Mami, mami, te lo dije —lloriqueaba Kaila.

Todo el mundo lloraba.

Kevin se sorprendió.

—Pensamos que nuestra misión era llevar todo ese abastecimiento médico, pero quizá consistía en hacer feliz a una niña —me dijo.

Algunas veces las cosas que parecen no tener valor o ser poco importantes tienen un impacto muy profundo. No puedes hacer feliz a todos ni resolver cada problema, pero puedes hacer feliz a una persona, y eso es más que suficiente.

LECCIÓN 3

Participa en el juego.

¿Dónde están las palabras inspiradoras cuando se necesitan?

Todos los grandes discursos en las ceremonias de graduación deberían transmitirse a los alumnos no solo cuando terminan sus estudios, sino también cuando inician, sea que estén por entrar a la universidad o a la preparatoria. El primer año es un momento crucial porque los estudiantes nuevos realmente necesitan escuchar ese gran consejo.

Apunta a lo más alto.
Marcha al ritmo que marque tu corazón.
Toma el camino menos transitado.

Ese primer año es un despertar brusco. ¿Días de gloria? Pues la verdad es que no: la estrella se cae, la baqueta se rompe, el camino es una calle cerrada (o está lleno de señalamientos color naranja y baches).

Hay una maravillosa canción de Brad Paisley en la que el cantante de música *country* nos deleita con el consejo que le daría al adolescente que alguna vez fue. En la estrofa *Si pudiera escribirme una carta*, él habla del niño de diecisiete a quien le gustaría decirle que tomara unas clases de mecanografía, estudiara español y no se preocupara tanto por el álgebra.

¿Qué le diría yo a la estudiante que solía ser? Después de pensarlo un poco, el mensaje se reduce al que le daría a todo estudiante de preparatoria: Participa en el juego, inténtalo todo, disfrútalo todo, abre tu corazón a alguien y algo que amar (una chica, un chico, una materia, un deporte). No tienes por qué aguantar esos cuatro años; puedes hacerlos tan mágicos como quieras si te mantienes abierto a todo y a la vez desapegado de ello.

Como Theodore Roosevelt dijo alguna vez: *No es el crítico el que cuenta, no es el hombre que señala la manera en que un hombre fuerte se tropieza o qué podría haber hecho mejor. El crédito es para el hombre que está realmente en el ruedo... quien, en el mejor de los casos, conoce el triunfo de un gran logro, y en el peor de los casos, si falla, al menos lo hace mientras se atreve.*

Atrévete a participar en el juego, a lanzarte al ruedo de la vida.

Eso es lo que me gustaría decirles a mis conocidos adolescentes que empiezan la preparatoria. Recuerdo cuando Max, Kate y Alex —hijos de mis amigos— estaban en el vientre de su madre. Eran simples cacahuates en las imágenes del ultrasonido. ¿Cómo es que ahora llenan los zapatos del número 29? ¿Cómo es que ahora les sacan al menos una cabeza a sus padres? ¿Cómo es que ahora tocan en la banda durante el medio tiempo?

Si solo pudiera convencerles de disfrutar todo. Incluso los peores momentos serán las mejores historias más tarde en la vida, tras completar unos cuantos años de terapia.

Pero ahora, todo es tan serio.

Sé benevolente contigo mismo. Algunas personas aman la preparatoria; otras, la odian. De todas maneras, solo dura tres años. Si sacas de la ecuación los veranos, los días festivos y los fines de semana, realmente son solo dos años de tu vida.

Tres años pueden parecer una eternidad cuando debes escribir un ensayo de diez páginas sobre literatura inglesa, aprender a manejar, tener una primera cita, sufrir tu primer corazón roto, ser castigado por las calificaciones, discutir constantemente con tus padres, sentir que nadie te entiende, dejar crecer la mayor espinilla que hayas visto en tu nariz justo una hora antes del baile de graduación, ser rechazada del equipo de porristas, ser víctima de una novatada en el campamento o que te saquen del equipo de futbol. Tantas cosas pueden salir mal, y saldrán...

Sin embargo, si tomas la vista aérea y observas la gran trama de tu vida, ¿qué son esos tristes años de preparatoria? Solo una pizca del apacible cielo... o un lago traicionero; todo depende de tu visión, por lo que es muy útil mantener la perspectiva.

Toma buenas decisiones. Así como Dumbledore le dijo a Harry Potter, yo te digo: *son nuestras elecciones las que nos muestran quiénes somos realmente, más que nuestras habilidades*. Esas elecciones, amigo mío, dependen de ti y de nadie más. Todos recibimos unas cuantas cartas malas en la vida; la diferencia es cómo juegas con ellas o qué tan bien sabes *blofear*.

Las espinillas y los barros desaparecerán más rápido si no te los exprimes; además, un poco de maquillaje color piel hará maravillas. Puedes ponerte unos calcetines muy originales, una playera irreverente o pintarte el cabello de color naranja llamativo para dirigir la atención a otra parte de tu cuerpo.

Da un poco de ti mismo. Todo el mundo dice que los adolescentes —yo también odio esa palabra— son los seres más egocéntricos de todos los *Homo sapiens*. Demuéstrales que están equivocados y ayuda un poco en casa, saca la basura, pasa la aspiradora, limpia la cochera, échale una mano a un vecino, abraza a la tía Betty, visita al tío Joe, de vez en cuando haz algo mínimo para que la vida de otra persona mejore un poco.

Únete a algo, cualquier cosa: un club, un deporte, un comité, una actividad que haga que tu corazón lata más rápido que el de un niño que empieza a caminar. Aléjate de la televisión, del celular, de la computadora y de los videojuegos durante unas horas. Intenta algo nuevo que te pueda gustar, no solo aquello que complazca a tus padres o te haga entrar en la universidad correcta.

Anímate. A tu edad, todo se siente como si fuera determinante, pero no lo es; o si lo es, se encogerá una vez que te concentres en algo más.

Ábrete y comparte tu corazón con alguien que te entienda a ti, tu humor, tu música, tus sueños. No salgas con nadie que haga que te pierdas de la maravilla de los amigos y la familia o de ti mismo. Encuentra a una persona que te haga sonreír, reír y flotar de regreso a casa.

Sé tú mismo, pues eres lo suficientemente bueno. Tu cuerpo se alocará un poco debido a las hormonas, pero confía en el proceso. Tu corazón abordará una montaña rusa de emociones, pero escúchalo de todas maneras. No cambies tu cuerpo, ni tus opiniones ni tus valores por la aprobación barata de alguien más.

Como dice la canción de Paisley, *no tengas miedo.* Estos no son los años más sobresalientes de tu vida.

Todo cambiará para bien, confía en mí.

Mejor aún, confía en ti.

LECCIÓN 4

Tú eres el maestro más importante de un niño.

Hay un gran número de personas que exige que las escuelas, los maestros y la educación pública provean en todo a los estudiantes. El sistema educativo en su totalidad ha sido puesto de cabeza, debido a las evaluaciones y las grandes expectativas que ponemos sobre los demás. ¿Qué hay de nuestro propio papel como maestros de los niños?

Cuando escuché que una chica pobre de los barrios marginales de Cleveland había sido aceptada en Harvard, quise descubrir cómo lo había hecho. En esta ciudad de Ohio, la mayoría de los niños pobres ni siquiera se gradúa de la preparatoria.

La mamá de Kim, María Santana, me recibió en su casa. Era una madre soltera que vivía de cupones de comida y asistencia social, cerca de narcotraficantes a los que ahuyentaba mediante la oración. El techo de la cocina se mantenía en su lugar con tiras de cinta adhesiva. Una noche, mientras les daba el beso de buenas noches a sus hijos, su pie atravesó las duelas podridas.

María me enseñó las cajas de zapatos llenas de tarjetas didácticas y una pila de cuadernos de ejercicios que había creado de la nada. Me contó que siempre se había considerado maestra de Kim, no solo su madre.

—Así es como empecé —dijo María en un inglés vacilante mientras sacaba los cuadernos caseros de una vieja caja de zapatos. La portada morada que había hecho para *Mi primer abecedario* de su hija se había vuelto lila. *El libro del tiempo* todavía tenía los relojes que ella había dibujado en hojas de cuaderno dobladas. *Mi libro de los colores* mostraba una manzana que es *roja* y un globo que es *azul*. Originaria de Puerto Rico, María les enseñó español a sus hijos.

Ella también hizo calendarios para la pared, de tal manera que Kim y Emanuel aprendieran los números y las fechas. Cuando sus hijos tenían dos, tres y cuatro años de edad, María calificaba la tarea que les asignaba. En *Quién soy*, libro que Kim hizo a la edad de cuatro, todavía puede leerse: *Cuando crezca, quiero ser doctora*. Un imán con forma de corazón sostenía en el refrigerador la carta de aceptación a Harvard, justo al lado de las oraciones en español que le hacían ver a la familia que *El Señor es Nuestro Protector*, como si María necesitara que alguien se lo recordara.

Alabado sea Dios parece ser la coma en cada conversación. Si no fuera por sus dos hijos y su fe, María se consideraría pobre. ¿Cómo era posible que una mamá soltera que vivía de la asistencia social y los cupones de comida hubiese criado una hija que ingresaría a Harvard? Kim tuvo acceso a los mismos maestros, libros y salones de clases que los chicos que habían dejado de estudiar. ¿Cuál era la diferencia? María ponía la crianza de sus hijos como número uno en su lista de prioridades. No salía con hombres, no usaba drogas, no quería tener una mejor apariencia, no tenía televisión, no se quejaba de las escuelas, no sentía lástima por sí misma.

María les daba el cien por ciento a sus hijos; en lugar de llevarlos al centro comercial, la familia iba una vez por semana a la biblioteca, de donde regresaban con 20 libros. María les leía a sus hijos y ellos le leían a María, quien después hacía que le leyeran a la bibliotecaria. La mujer hacía del aprendizaje algo divertido. Cuando terminaron la lectura de *Huevos verdes con jamón,* la mujer pintó de verde los huevos que comerían. Para cuando iba a empezar el kínder, Emanuel había leído 115 libros. Cuando tenía tres años, era capaz de leer la Biblia (en español). Ellos se emocionaban tanto con la lectura, que si Kim se portaba mal su mamá la amenazaba con quitarle sus libros.

Cuando su esposo discapacitado no pudo seguir trabajando, María se quedó en casa para cuidarlo. Después de su divorcio, la mujer ganaba 4.25 dólares por hora como empleada en una tienda de ropa usada que debía clasificar hasta que el polvo de la indumentaria de otras personas le hacía sentir náuseas. Les compró a sus hijos las mejores prendas de la tienda. Un verano Kim ganó más dinero que su mamá, y cuando quiso dárselo a María, ella no lo aceptó. María ahorró cada devolución de impuestos hasta que juntó 7 mil dólares para invertirlos en una casa. La mujer jamás fue a la universidad, pero ahorró lo suficiente de sus nimios trabajos para pagar su casa de 15 mil dólares. Incluso después de que sus hijos obtuvieron becas para la universidad, ellos decidieron trabajar e insistieron en ayudarla.

—Dios no está de acuerdo en que nos quedemos sentados —María les enseñaba—. Si ustedes hacen su parte, Él hace la suya.

Después del divorcio, acudió a Dios con más fuerza. Su hogar no se encuentra en el mejor de los vecindarios; ella lo llama *el gueto.* En una ocasión alguien entró a su casa y robó su radio y su cámara. Por otro lado, un vendedor de droga vivía junto a la familia, hasta que María logró ahuyentarlo con sus oraciones. Pegaba palabras de inspiración en todas las paredes de su pequeño hogar: *A Dios sea la gloria.* María seguía confiando, aun cuando un ladrón entró por la puerta principal y nuevamente, cuando otro lo hizo por la ventana trasera. Ella dormía con Kim para protegerla.

—Confío en Dios hasta el final, todo el tiempo —María me dijo.

Antes de dormir rezaba por sus hijos arrodillada, para que las clases no fueran muy difíciles y pudieran hacer nuevos amigos. Constantemente, la mujer se sentaba frente a la mesa de la cocina a escribirles notitas de ánimo. El bloc de notas rosa era para Kim; el azul, para Emanuel. María los alentaba por teléfono, animándolos a estudiar duro y a divertirse.

Nuestra protagonista jamás se consideró una madre soltera.

—Dios es la cabeza de esta casa —decía.

María instaló piso de linóleo en el pasillo y decoró las paredes de la sala con fotos de Kim y Emanuel. También pegó un *collage* de fotos en la cabecera de su cama, para soñar sobre sus nuevas vidas en la universidad. Kim terminó yendo a Harvard; Emanuel entró a un programa de alumnos sobresalientes en la Universidad Estatal de Ohio, con una beca completa.

Ella sabe que no hay tal cosa como un padre soltero, pues distintos asesores en la preparatoria orientaron a Kim a tomar las clases que necesitaba, mientras otra maestra ayudó a la joven a ingresar a un programa de interinato que ofrecía una escuela privada. Un alumno de Harvard, que sabía hablar español con fluidez, hizo que María se sintiera cómoda con la idea de que Kim entrara a tan prestigiosa universidad. Otra persona más, un consejero escolar, les ayudó a aplicarse para las becas.

Kim sabe que todo empezó con su mamá.

—Ella haría cualquier cosa por nosotros —me dijo Kim—. Somos su mundo, su universo entero.

Después de que Kim visitó Harvard, le dijo a su asesor académico:

—Sé que puedo brindarle una vida maravillosa a mi mamá.

Su madre diría que ella ya tiene una vida maravillosa.

Cuatro años después de haberme encontrado con María por primera vez, Kim se graduó de la Universidad de Harvard como psicóloga. Tres días después, Emanuel se graduó de la de Ohio State como ingeniero en computación. María les compró regalos especiales de graduación en la tienda de segunda mano, los cuales envolvió en bolsas que en su interior tenían papel de china. Las dos invitaciones a sus ceremonias de graduación posaban sobre el horno de microondas, donde ella podía verlas todos los días.

María puso las invitaciones sobre su pecho y dijo:

—Mi corazón está lleno de alegría; amo a mis hijos.

Es ahí donde comienza todo.

LECCIÓN 5

Las interrupciones son misiones divinas.

En una ocasión, me dirigía a hacer una entrevista para una columna periodística, cuando me extravié en una parte poco conocida de Cleveland. Después de manejar por las mismas cuadras unas cuantas veces, me detuve en una pequeña heladería llamada Scoops. Tuve que interrumpir al adolescente detrás del mostrador para pedirle indicaciones, y él fue de tanta ayuda que prometí regresar más tarde a comprar un helado.

Al volver unas horas después por mi helado, el adolescente plantó la bola de nuez con tanta precisión que incluso pesó el cono. El chico era un afroamericano de unos 15 o 16 años de edad que vivía en un barrio no muy acomodado de la ciudad, y solo faltaban unos días para que el semestre escolar empezara.

Mientras esperaba por mi helado en silencio, sentí un impulso en el corazón. *Háblale al joven. Sal de tu zona de confort.*

—¿A qué escuela vas a ir? —le pregunté al extraño.

—No lo sé —me dijo.

Una pregunta y se abrió el mundo...

Terrance Embry me contó que había asistido a la Escuela Hawken, una institución privada y de prestigio académico localizada en un suburbio de la ciudad, pero su familia se había quedado sin dinero y ya no podía pagar la pequeña porción de la colegiatura que su beca no cubría.

—¿Qué quieres hacer? —le pregunté.

—Pues voy a ser neurocirujano —me dijo con total seguridad.

Él confesó que esa era su meta y nada lo iba a detener. Después pasó la siguiente hora contándome exactamente cómo sucedería, sin importar ningún obstáculo.

Terrance llevaba una camisa polo blanca, un delantal sobre sus pantalones de algodón y una gorra que decía SCOOPS, pero actuaba como si el uniforme fuera quirúrgico. Antes de preparar cada cono, iba al fregadero.

Lavar, tallar, secar y servir.

Su sonrisa se desvaneció por un pequeño momento. Me contó que su mamá estaba buscando trabajo y que su papá era empleado de correos. Terrance había empezado a trabajar en la heladería desde hacía cuatro semanas.

—Si no puedo regresar a Hawken, quizá no es mi destino —dijo, y después sonrió, como si supiera un secreto—. Todo lo que puedo ver es el resultado: convertirme en neurocirujano.

Se secó las manos y me dijo que siempre había querido ser doctor. Durante tres veranos consecutivos asistió a un programa de regularización para chicos afroamericanos que estaban por ingresar a los grados de sexto de primaria y primero y segundo de secundaria. En ese programa, él leyó el libro *Gifted Hands* (Manos prodigiosas) del neurocirujano pediatra Ben Carson, quien creció en un ambiente de pobreza y se apoyó en su madre y en su Dios.

—Tenemos tanto en común —dijo Terrance—. El libro fue una respuesta a mi plegaria, como si hubiera caído del cielo.

Terrance no pudo quedarse con el libro.

—Pero —dijo—, lo recordaré vívidamente por el resto de mi vida.

El joven asistía a Fundación de la Verdad, una iglesia que opera en un local de una tienda, donde él *se divertía con el*

Señor. El muchacho había tomado tres años de latín y quería aprender español; añoraba lograr un nivel avanzado de biología, química y física. Además, jugaba basquetbol y le gustaba la carrera de pista.

Terrance era el menor de siete, y su hermana estaba por obtener su doctorado en psicología infantil. Ella le recordaba diariamente la importancia de no desistir.

—Jamás pensé que fuera a ser sencillo. Esto es solo un obstáculo, y voy a rodearlo —dijo, y después corrigió—: voy a atravesarlo.

No sería fácil, pues sus papás se habían separado hacía tres años.

—Mi papá y yo solíamos hacer todo juntos —apuntó—, y el divorcio abrió un hueco en nuestra relación.

Y también en las finanzas familiares.

—No somos pobres, pero tampoco somos adinerados —indicó Terrance.

Durante el año escolar anterior, el chico tenía que tomar el autobús para atravesar la ciudad de oeste a este, y al final de la jornada, hacerlo a la inversa. Como resultado, casi todas las noches llegaba a su casa a las 7.

—Me encanta Hawken, es una gran escuela —dijo—, porque te enseñan a hacerte responsable.

Cuando, al principio, le dijo a la gente que quería ser neurocirujano, la reacción fue de burla, pero ya no más.

Terrance expresó que le encantaría presenciar una cirugía o hablar con un neurocirujano sobre cómo funciona el cuerpo humano. El joven sigue creyendo que se graduará de Hawken, después en la Universidad de Stanford y posteriormente en Columbia.

¿Y de ahí?

—Iré a donde me necesiten —pronunció.

Tras la charla, regresó al fregadero para preparar el helado del siguiente cliente, quien quería un cono de menta con chispas de chocolate. Terrance lo hizo con precisión quirúrgica.

Lavar, tallar, secar y después servir.

Un día será lavar, tallar, secar y después cortar.

Cuando llamé a Hawken para verificar su historia, estaban sorprendidos de que hubiera encontrado a Terrance. El colegio había estado intentando localizarlo durante todo el verano, pero los padres del chico no habían permanecido en contacto. La escuela estaba tan contenta de haberlo encontrado, que estuvieron de acuerdo en cubrir toda su colegiatura.

Cuando se publicó la columna sobre nuestro protagonista, la esposa de un neurocirujano la leyó y sintió un sobresalto. Ella le contó a su esposo lo que había leído mientras comían, y él también se sintió emocionado. El Dr. Mark Luciano recordó cuando tenía 16 y su sueño consistía en estudiar el cerebro, mucho antes de empezar a operarlo. El médico quiso abrirle la puerta a la esperanza de Terrance, una puerta que se encuentra del otro lado de una línea roja brillante pintada en el suelo de la Clínica de Cleveland.

Terrance conoció al Dr. Luciano en una sala de conferencias de la clínica mencionada. El adolescente pudo ponerse la indumentaria quirúrgica azul y una bata blanca. Luciano se sentó en el otro extremo y parecía tan emocionado como el joven.

—Cada caso clínico es como un rompecabezas —el médico le dijo—. Tienes que ver si eres capaz de resolverlo.

Luciano hace operaciones en bebés con fluido en su cerebro, niños con tumores, chicos con deformidades craneales.

Cuando el joven y el médico se conocieron, el rompecabezas era un paciente con malformación de Chiari. El Dr. Luciano utilizó su puño para representar el cerebro y pasó su dedo a través de él, como si fuera una médula espinal, para mostrarle a Terrance cómo la parte trasera del cerebro estaba siendo presionada por el cráneo. Debido a la malformación, el cerebelo se veía empujado al hoyo por el cual asciende la médula.

El doctor iba a dejar que Terrance observara la cirugía, pero le advirtió al adolescente que algunas personas se ponen nerviosas, otras se sienten mareadas y otras más solo resisten 15 minutos.

—Si te llegas a sentir mal —dijo—, eso no significa nada respecto a tu futuro como médico.

Terrance suspiró y permitió que sus hombros se relajaran.

El doctor le explicó que el cerebro no siente dolor, y habló de la utilización de tecnología computarizada para navegar alrededor de este, incluso bromeó sobre el amor que los neurocirujanos les tienen a los aparatos.

Terrance asintió.

Ellos caminaron por el pasillo hacia la sala de operaciones. Desde atrás, Terrance parecía un médico que sobresalía en altura al otro. El Dr. Luciano le advirtió que no pasara de la línea roja en el suelo, pues solo los equipos de cirujanos ya preparados cuentan con permiso de hacerlo.

Se detuvieron para ponerse los tapabocas y los gorros quirúrgicos. El Dr. Luciano le explicó al joven cómo atarse la mascarilla y prensarla alrededor de la nariz para mantenerla en su sitio.

—Simétrica y apretada —aconsejó.

Después le enseñó a Terrance cómo hacerle un dobladillo al gorrito para verse interesante.

—Debes doblarlo o se ve sin chiste —bromeó el doctor.

Se quedaron parados en la entrada de un largo pasillo, la intersección en la vida de Terrance. Todo lo que detenía al adolescente era la línea roja pintada en el suelo. El Dr. Luciano la cruzó, y después recordó que necesitaba sus lentes quirúrgicos y corrió por ellos. Terrance se quedó como una estatua, con los dedos de los pies pegados junto a la raya, con mucho cuidado de no pisarla.

—No puedo esperar —dijo sin aliento.

Él vio la línea y las salas de operaciones que estaban del otro lado.

Hileras de batas blancas colgaban de las paredes a derecha e izquierda, y cada una de ellas llevaba el nombre de un cirujano. Él las volteó a ver y después hundió sus manos en los bolsillos de la que llevaba puesta.

—Todo se ve tan distinto a como sale en la televisión —susurró.

El Dr. Luciano lo apremió.

—Vamos —anunció.

Terrance cruzó la línea.

Se encaminaron hacia el fregadero de metal donde los cirujanos debían prepararse. Luciano le dijo lo increíble que se veían el cerebro y la médula durante las cirugías; después, de manera casual, abrió la puerta de la sala de operaciones y Terrance lo siguió.

Los ojos del adolescente se abrieron por completo cuando vio a los demás miembros del equipo. Todos le dieron la bienvenida, y le advirtieron que no tocara la zona estéril. Al paciente lo habían preparado, cubierto y abierto.

El Dr. Luciano invitó a Terrance a observar desde un taburete colocado cerca de la cabeza del paciente.

El joven se subió, se inclinó hacia delante y echó una mirada hacia su primer cerebro.

LECCIÓN 6

Dios no siempre llama a los fuertes; algunas veces debes ser lo suficientemente débil para ser útil.

Todos hemos escuchado estas historias: Elvis Presley reprobó la materia de música y le dijeron que mejor continuara con su trabajo de conductor de camiones. A Michael Jordan lo sacaron del equipo de basquetbol de la preparatoria. La novela *Lo que el viento se llevó* fue rechazada 38 veces antes de publicarse. J.K. Rowling vivía de la asistencia social antes de que Harry Potter la convirtiera en millonaria.

La maestra de música de Beethoven dijo que él no tenía esperanza alguna como compositor. Winston Churchill reprobó el examen de admisión a la Academia Militar un par de veces y era el peor de su clase. Lucille Ball tuvo que abandonar la escuela de actuación por ser demasiado tímida. Julia Roberts no obtuvo un papel en la telenovela *All My Children* (Todos mis hijos).

A Thomas Edison lo despidieron un par de veces por no tener capacidad productiva. Babe Ruth mantuvo el récord por ser el más ponchado. Walt Disney perdió su trabajo en un periódico porque carecía de imaginación. Van Gogh vendió un solo cuadro en toda su vida. Abraham Lincoln sufría de depresión, fracasó en dos iniciativas de negocios y perdió ocho elecciones (dile eso a su monumento).

Los fracasos de esos grandes triunfadores me convencen de que nuestra debilidad, con frecuencia, es la otra cara de nuestra fortaleza. A mí me daba pavor expresar mi opinión, y adivina cuál es ahora mi profesión: escribir una columna de opinión para el periódico más importante de Ohio.

En general, nuestras fortalezas y nuestras debilidades están directamente relacionadas. Durante mucho tiempo, yo me resistí a abrazar mis fortalezas porque hacerlo implicaba confrontar mis debilidades. Pasó mucho tiempo antes de que supiera que Dios puede usar ambas; y transcurrió aún más tiempo antes de darme cuenta de que algunas veces Dios nos elige por nuestras debilidades y no por nuestras fortalezas.

Siento un gran consuelo cuando veo, a través de la Biblia, que Dios no siempre elige a los fuertes. Escoge a los que tienen algún defecto o debilidad y los transforma. Una persona como Moisés, quien había matado a un hombre, fue elegido para guiar a su pueblo de la esclavitud a la libertad. David, quien había ordenado que acabaran con la vida de alguien, es elegido para ser rey. Y también está Jesús, quien incluyó entre sus 12 seguidores más cercanos a uno que le mintió, dudó de Él y lo traicionó.

Mi pasaje favorito de Navidad empieza con *No temas*. Esas dos palabras significan que Dios va a hacer algo poderoso con alguien que es débil. ¿No te encanta ese momento en *Una Navidad con Charlie Brown*, cuando Linus ofrece explicar el significado de la Navidad a su amigo, citando el Evangelio de Lucas?

> *No teman, porque les traigo una nueva noticia, una gran alegría para todo el pueblo. Hoy, en la ciudad de David, les ha nacido un Salvador, que es el Mesías, el Señor. Y esto les servirá de señal: encontrarán un niño recién nacido envuelto en pañales y acostado en un pesebre.*

He escuchado decir que debemos leer la Biblia como si fuéramos cada uno de los personajes en ella. Un año el sacerdote de mi iglesia, el Padre Tom Fanta, dio un sermón como si fuera el mesonero que le cerró la puerta a la sagrada familia en esa primera víspera de Navidad; actuó el papel de principio a fin, desde su arrogante negativa hasta su vergonzoso arrepentimiento.

El sacerdote dijo que somos como los mesoneros que cerramos la puerta para no darles cabida a los demás. Estamos demasiado ocupados como para hablar con el amigo que está en medio de un turbio divorcio. Nuestras vidas están demasiado llenas como para darnos un tiempo y ofrecer nuestros servicios en un albergue de mujeres o cuidar al bebé de alguna amiga.

Somos esos pastores ocupados que atendemos a nuestro rebaño —nuestros trabajos, pasatiempos, familias— y tenemos miedo cuando Dios viene a nosotros, ya sea bajo la forma de ángeles celestiales o terrenales (amigos, familiares y extraños, o problemas y crisis). Nos mostramos reacios cuando nos piden ir a un lugar desconocido o no deseado, para lo que debemos desviarnos del sendero profesional cuidadosamente construido o de nuestra apretada agenda.

Somos como José, quien pudo haber abandonado en silencio a María, en vez de entrar en una relación que demandaría de él más de lo que estaba dispuesto a dar. Preferimos lo normal, lo estable, lo predecible (algo que podamos controlar). Planeamos nuestras vidas y en la planeación tenemos cuidado de no dejar espacio para que Dios entre y desordene todo.

Somos como María cuando llegó el ángel por primera vez a visitarla, que se sintió asustada. ¿Realmente queremos a Dios tan cerca? *No temas*, proclamó el ángel.

¿Qué pasaría si Dios nos llamara para algo superior? Suena bien por un segundo, pero inmediatamente después haríamos un balance del costo. ¿Qué pasa si el llamado significa mudarnos, ganar menos dinero o regresar a la escuela?

Cuando Dios llamó a Jeremías, él quiso declinar argumentando que era demasiado joven para el trabajo. Moisés tampoco se emocionó mucho cuando lo contrataron para pastorear a los judíos a través del desierto hasta la Tierra Prometida.

Un sacerdote me platicó que antes de ordenarse no se sentía lo suficientemente fuerte para este llamado. Después, alguien le preguntó:

—¿Eres lo suficientemente débil?

Decirle que sí a Dios no se trata de fortaleza, sino de la afirmación en medio de la debilidad.

La Madre Teresa alguna vez manifestó que su misión no consistía en ser exitosa, sino en tener fe.

Si la respuesta a ser lo suficientemente fuerte es negativa, quizás estás haciendo la pregunta equivocada. A lo mejor lo que debes formular es: *¿Soy lo suficientemente débil para ser de utilidad?*

LECCIÓN 7

Empieza con lo que tienes.

Un viejo refrán dice: *Si piensas que eres demasiado pequeño para hacer la diferencia, jamás has estado en una tienda de campaña con un mosquito.*

Cada vez que escucho ese dicho, mis oídos se estremecen ante el poder que tiene un pequeño y latoso bicho para mantenerme despierta toda la noche y rascándome todo el día. Lo cierto es que todos somos lo suficientemente grandes o pequeños —o sea cual sea nuestro tamaño— para hacer una diferencia.

Cuando era reportera en Akron, Ohio, una vez me encomendaron cubrir la noticia de último momento sobre una pequeña que había sido secuestrada un día de septiembre. Jessica Repp solo tenía nueve años aquel lunes por la tarde que salió de la casa, en su bicicleta rosada. Estaba a dos cuadras de su hogar, cuando un hombre en un auto se le acercó y le preguntó si conocía a alguien del vecindario. Después, el tipo bajó del vehículo, abrió la cajuela, fingía sacar algo, y con un movimiento repentino levantó a Jessica de la banqueta, la aventó al maletero y arrancó a toda velocidad.

El papá de Jessica llamó a la sala de redacción del *Beacon Journal*, implorándonos escribir la historia sobre su hija desaparecida. Como llamó ya muy tarde, nos dejaba poco tiempo para escribir algo más allá de los pocos datos que sabía y una descripción general de la niña. La policía todavía no había confirmado ninguno de los detalles de la investigación porque todo estaba muy fresco. No teníamos a nuestra disposición muchos de los hechos, ya que esto aconteció antes de que apareciera la Alerta Ámbar y las noticias que, en los numerosísimos canales de cable, actualmente se transmiten a todas horas. Una de nuestras reporteras, Sheryl Harris, ese día se quedó hasta tarde en el trabajo para reunir hasta el más nimio detalle del suceso. Ella hizo un esfuerzo extra para garantizar que se imprimiera la foto de la niña en el periódico que saldría al día siguiente. Sheryl casi no tuvo tiempo de escribir nada adicional a la descripción de la niña, quien tenía cabello rubio y llevaba una camiseta color rosa.

Jessica seguía sin aparecer 24 horas después. Para entonces, la noticia se había dispersado por todos los medios de comunicación. Yo estuve parada afuera de su casa con una horda de reporteros, mientras esperábamos las que muy probablemente serían malas noticias. Cualquier agente del orden público te puede decir que si no ha aparecido en 24 horas, el niño no regresará. Autoridades entraban y salían de la casa, junto con vecinos y gente de la iglesia. Aquello ya parecía un funeral.

¿Te imaginas ser el padre de un niño que ha desaparecido? ¿Puedes concebir el hecho de tener que estar toda la noche sentado junto al teléfono, mientras rezas esperando que cada llamada te traiga la noticia de un milagro? En lugar de eso la mamá, el papá, la hermana y el hermano de Jessica atestiguaron para que los helicópteros buscaran el cuerpo; la policía montada peinara los maizales cercanos para localizar los restos de la pequeña; que el *sheriff*, los agentes del FBI y docenas de policías estuvieran regados por todo el vecindario. Algunos agentes incluso tomaron una lancha para buscar en los lagos cercanos, y los perros de la policía olfatearon el peluche favorito de Jessica para salir a rastrear el aroma de la niña perdida.

Un niño solitario iba y venía por la calle, desde la casa hasta el vehículo del *sheriff*. El hermano de Jessica, Jonathan, tenía trece años y no dejaba de preguntar si ya habían encontrado a su hermana. Sus ojos estaban enrojecidos por el llanto y por el hecho de despertar toda la noche para revisar la cama de la pequeña, esperando verla dormida y a salvo.

Mientras tanto, a mi alrededor observaba los esfuerzos de la policía, recé por ella y su familia. Me encontraba parada en la banqueta de afuera, cuando de repente desde la casa pareció emanar un sonido de júbilo.

La policía había encontrado viva a Jessica.

Su mamá, su hermana, su hermano y todos salieron de la casa llorando y alabando a Dios. El papá estaba circulando más copias de su foto cuando recibió la noticia, así que dejó los papeles y corrió al hospital.

Todos los reporteros también corrieron al hospital. La policía no podía decir lo que le había pasado a la niña, pues cuando le pidieron detalles, ella rompió en llanto.

Resultó ser que a las 5 de la mañana, el secuestrador entró con la niña a una tiendita en Barberton. Un empleado de la tienda –uno de esos trabajadores en la posición más ínfima de la escalera profesional– esperaba clientes diligentemente, cuando un hombre entró con una pequeña que parecía aterrada. El empleado dirigió la mirada a la niña y después a la foto de Jessica Repp en el artículo que Sheryl había escrito. Al comprobar que se trataba de ella, llamó de inmediato a la policía.

Ese trasnochado trabajador le salvó la vida a la niña e identificó al secuestrador, quien ya había estado antes en la tienda. Poco después, otro empleado en una gasolinera llamó a la policía después de notar el extraño comportamiento de un cliente. El video del lugar confirmó que se trataba del secuestrador, quien se había detenido a comprar cigarros. Justo antes de las

11 de la mañana, la policía ubicó su auto en un estacionamiento; la pequeña se encontraba sentada junto al conductor.

Los agentes dijeron que el hombre implicado tenía un historial de enfermedad mental y comportamiento errático. Los oficiales declararon que, muy probablemente, pronto habría entrado en pánico y matado a la niña.

Años después, mi amiga Sheryl recibió el Premio Pulitzer —el mayor reconocimiento que puede obtener un periodista— por su trabajo en una gran serie que el periódico publicó sobre relaciones interraciales. Sheryl ni siquiera recuerda haber escrito la breve historia sobre Jessica Repp. Al parecer, el artículo no hizo una diferencia en su carrera; no era periodismo galardonado, pero ciertamente fue periodismo salvavidas.

La historia más importante que jamás escribió quizá fue una de las más pequeñas. A lo mejor ni siquiera apareció su nombre en ella, no lo recuerdo, pero ayudó a salvarle la vida a una niña.

Jamás supe lo que sucedió con los empleados de la gasolinera y de la tienda, quienes fueron los primeros en informarle a la policía haber visto a la niña y al secuestrador. Con frecuencia, esos trabajadores son personas anónimas a las que ni siquiera vemos a los ojos cuando compramos leche, un paquete de cigarrillos o unos litros de gasolina.

Pero esa historia cambió mi forma de ver a aquellos con quienes nos encontramos todos los días y que trabajan en empleos que la mayoría de nosotros no querría. Esos trabajadores me enseñaron que nadie es prescindible ni demasiado pequeño como para no poder hacer la diferencia.

Si quieres cambiar el mundo a gran escala, desempeña tus pequeñas tareas con un mayor amor, una mayor atención y una mayor pasión. Solo abraza el trabajo que tienes, la familia que tienes, la colonia que tienes, la misión que tienes.

Uno nunca sabe lo que puede llegar a pasar cuando simplemente nos abrimos a las posibilidades que se nos presentan. Cuando empiezas donde estás y con lo que tienes, quizás entre la cobranza de leche, cigarrillos y gasolina puedas salvar una vida.

LECCIÓN 8

Trabaja en lo posible.

Lo imposible puede empezar con algo tan pequeño como una bolita.

Durante años fui obediente e hice caso al consejo médico de hacerme revisiones personales cada mes. Como la mayoría de las mujeres, las hacía a mi manera. Una vez cada dos o tres meses, me palpaba rápidamente, pero jamás a profundidad como los doctores sugerían. Yo no quería buscar problemas, pues el que busca, encuentra. Indagar si tienes cáncer es perturbador, pero gracias a Dios realicé la exploración.

Una noche, mientras mis yemas trazaban un círculo alrededor de mi pecho, mis dedos llegaron a un alto. ¿Hacía cuánto tiempo había estado ahí ese punto duro? Probablemente no era nada, pero no estaba en la última revisión. Esa nada resultó ser un cáncer de mama en etapa II. Lo que siguió fue la extirpación de un tumor del tamaño de una uva.

Cuando escuchas la palabra *cáncer*, es como si alguien tomara el tablero de la vida y lo aventara al aire. Todas las piezas vuelan y aterrizan en un nuevo orden. Todo ha cambiado, y no sabes por dónde empezar, pues te encuentras paralizado. Sin embargo, el miedo solo mengua una vez que puedes realmente actuar, una vez que empiezas a trabajar en lo posible.

Antes de iniciar los tratamientos de quimioterapia, anoté los mejores consejos provenientes de doctores, familia, amigos, libros y sobrevivientes, y confeccioné mi propio Manual del Propietario para cuidarme. El manual me recordaba que el cáncer es factible, así que hice un plan para pasar por cuatro meses de quimioterapia y seis semanas de radiación diaria. Mi manual empezaba con un voto de supervivencia:

> *Yo, Regina, juro curarme y participar en mi tratamiento, incluso si significa aguantar temporalmente cambios físicos, emocionales y mentales en mi vida. Juro apegarme a este curso de tratamiento y no mirar hacia atrás. Juro hacer todo lo que esté en mi poder para curarme y vivir.*

Cuando tienes esta enfermedad, es como si entraras a una nueva zona horaria, la Zona del Cáncer. En el trópico de Cáncer, todo gira alrededor de tu salud o tu enfermedad, y yo no quería que mi vida, en su totalidad, se centrara en el padecimiento. La vida debía ser lo primero, y el cáncer lo segundo. De esta manera, inventé un plan que consistía en celebrar la vida en medio del cáncer, disfrutar el tiempo con todas las personas que amo, leer todos los libros que esperaban en mi lista de pendientes, ver aquellas películas que me había perdido y comprar el piano que siempre quise. El objetivo de mi programa era mantener intacto lo más que pudiera de mi vida: escribir mi columna periodística, jugar voleibol, impartir mi clase de escritura en la universidad.

Aquella mañana de la primera quimioterapia, llené mi mochila con lo siguiente: una botella de agua, mi Manual del Propietario, un bloc de notas, plumas, caramelos, un tocadiscos, cedés, audífonos y libros. La cita duraba de una a dos horas, pero yo iba preparada para cualquier eventualidad. Me hundí en el sillón reclinable, como si fuera un camastro de playa, me ajusté los audífonos y escuché a Louis Armstrong cantar: *I see trees of green, red roses too, I see them bloom, for me and you. And*

I think to myself, what a wonderful world. (Veo árboles verdes y rosas rojas también, las veo florecer para ti y para mí. Y pienso, qué mundo tan maravilloso.)

Y efectivamente, era un mundo maravilloso, aunque pareciera rotar en torno al cáncer por un año. En 1998, cuando me dio cáncer de mama, no existía ningún grupo de apoyo en la localidad que no requiriera dinero o seguro médico. Cada hospital contaba con su propio programa, pero no había ningún lugar céntrico donde poder convivir con otros sobrevivientes y hacer yoga, recibir masajes, someterse a reiki, ejercitarse, escribir en un diario e intentar otros métodos de curación holística.

Al año de iniciar mi recuperación, Eileen Saffran apareció en mi vida con un sueño. Ella quería crear un lugar al que cualquier persona tocada por el cáncer pudiera acudir y obtener gratuitamente todo el apoyo que necesitara. Junto con docenas de invitados, yo asistí a la primera junta de planeación. Su sueño parecía tan grande, tan vasto, tan imposible, que la duda me invadió y claudiqué. Todavía débil por la radiación y los efectos persistentes de la quimio sobre mi estado de ánimo, no podía imaginar cómo despegaría su proyecto.

Eileen era una trabajadora social cuyos padres habían sido diagnosticados con cáncer, con un periodo de seis meses entre uno y otro. Su papá tuvo cáncer de pulmón, y su mamá linfoma no hodgkiniano. Ambos padres murieron con tan solo tres años de diferencia. Al haberlos acompañado en sus tratamientos, Eileen se dio cuenta de que este tipo de pacientes necesitaba un lugar a donde acudir para recibir ayuda. La trabajadora social visualizó un centro que en aroma, sensación o apariencia no fuera como un hospital; un lugar donde la gente no necesitara el seguro adecuado para recibir apoyo psicológico; un lugar donde las personas no tuvieran que presentar la referencia de algún doctor para obtener un masaje; un lugar donde cualquier individuo tocado por el cáncer pudiera recibir servicios de apoyo gratuitos; un lugar donde las personas no se sintieran tan solas.

Eileen trabajó con pacientes del área de oncología y psicología, constituyó una junta consultiva y se reunió tanto con expertos como con organizaciones relacionadas con el cáncer. Investigó la logística de centros de bienestar por todo el país, lanzó el sitio www.touchedbycancer.org y abrió las puertas de The Gathering Place (El Lugar de Reunión) 18 meses después de esa primera reunión. Jamás pude descifrar cómo concretó el proyecto y lo echó a andar. ¿Cómo le hizo?

–Ingenuidad optimista –confesó ella.

Cuando visito The Gathering Place recuerdo esas palabras de *Alicia en el País de las Maravillas*, con las que la pequeña dice:

–No vale la pena intentarlo, uno no puede creer en lo imposible.

A lo que la Reina Blanca responde:

–Me atrevo a decir que no has tenido mucha práctica en el asunto. Cuando yo tenía tu edad siempre practicaba durante media hora al día. Y algunas veces llegaba a creer hasta seis cosas imposibles antes de desayunar.

Si quieres lograr lo imposible, trabaja en lo posible.

Eileen creó la Suiza del cuidado de la salud. Se trata de un centro único, independiente y comunitario para el cuidado del cáncer, donde no se libran batallas territoriales entre hospitales, ya que no importa dónde haya obtenido tratamiento médico el paciente. Todos aquellos que han sido tocados por el cáncer son bienvenidos y pueden recibir los servicios de manera gratuita. El centro ofrece masajes, reiki, taller de escritura, taichi, yoga, programas de nutrición, ejercicio y grupos de apoyo para prácticamente todo tipo de cáncer. Los programas de apoyo giran en torno a seguir adelante, verse mejor, encontrar la paz interna, ofrecer o recibir el perdón, aceptar el mimo personal y elaborar comida saludable. Un bibliotecario médico ofrece información sobre facturas médicas, ensayos clínicos y tratamientos oncológicos. Abogados voluntarios redactan documentos, testamentos anticipados y asesoran a los pacientes sobre la planificación de su patrimonio.

The Gathering Place es un lugar de curación y esperanza; un lugar donde jamás se te pide que saques tu póliza de seguro; un lugar que no se siente como una institución. Ahí no hay inyecciones ni tomas de sangre, ni tratamientos médicos ni pruebas. Es más como una casa con chimenea, cuadros que cuelgan de las paredes y mobiliario acogedor. Todo ha sido donado por personas y organizaciones.

The Gathering Place empezó en el año 2000 en la parte frontal de una tienda, con una superficie de 550 metros cuadrados. Duplicó su espacio y pasó de un presupuesto anual de 360 mil dólares a 1.8 millones. El edificio ya fue pagado, y el lugar funciona exclusivamente mediante las contribuciones de individuos y organizaciones, y con la ayuda de 350 voluntarios.

Donde alguna vez hubo un montón de tierra, ahora florece un jardín para la curación con fuentes y cascadas, esculturas de piedra y comederos de pájaros. Las rejas de herrería representan laberintos intricados, como el del libro de cuentos sobre la transformación que te conduce a través de un capullo metálico hasta una enorme mariposa plateada. Es un lugar que te recuerda que este es un mundo maravilloso, incluso si estás luchando contra el cáncer o ayudando a alguien a enfrentarlo.

No contamos con una cura para el cáncer, pero la gente como Eileen mengua el temor a esta enfermedad ofreciendo esperanza. También nosotros podemos hacerlo si trabajamos en lo posible, sin importar cuán imposible parezca.

LECCIÓN 9

Tú puedes hacer una gran diferencia sin importar lo poco que hagas.

Como periodista, he sido etiquetada como la Trabajadora Social del Año por tratar de ayudar de manera vehemente a las personas. No es ningún insulto recibir el calificativo de *sensiblero*, cuando pienso en todas las cosas que los trabajadores sociales hacen para contener la sangre, ayudar a los perdidos, los solitarios, los olvidados.

Hace unos años, cuando me pidieron que diera el discurso de graduación en la Escuela Mandel de Ciencias Sociales Aplicadas, que pertenece a la Universidad Case Western Reserve, no estaba muy segura del mensaje que quería transmitir. Antes de dirigirme a los graduados, les pregunté a todos mis amigos que son trabajadores sociales lo que debía decir. Ellos me dijeron que fuera graciosa, pues los trabajadores sociales podrían beneficiarse con unas cuantas carcajadas. Me dijeron que contara chistes.

¿Chistes? Yo no conocía ningún chiste sobre el trabajo social, a excepción de los que mis amigos me enviaron:

¿Cuántos trabajadores sociales se necesitan para cambiar un foco? Ninguno. Ellos le enseñan al foco a cambiarse por sí mismo.

¿Cuántos trabajadores sociales se necesitan para cambiar un foco?

Ninguno. El foco no está fundido, simplemente tiene una luz distinta.

¿Cuántos trabajadores sociales se necesitan para cambiar un foco? Ninguno. Ellos organizan un equipo para escribir un ensayo sobre cómo lidiar con la oscuridad.

Y mi favorito:

¿Cuántos trabajadores sociales se necesitan para cambiar un foco? El foco no necesita cambiar, es el sistema el que tiene que hacerlo.

Ellos también me contaron el viejo cuento de un ladrón con pistola que ataja a un trabajador social y le grita:

—¡Tu dinero o tu vida!

—Lo siento —responde la víctima—, soy un trabajador social, así que no tengo dinero... y tampoco vida.

Lo mismo puede decirse de los policías, las enfermeras, los maestros y muchos otros que están al frente de la batalla. Importan tanto y, sin embargo, ganan tan poco. La última vez que revisé, el pago inicial para los trabajadores sociales giraba alrededor de 28 mil dólares al año.

No, no ganan mucho. ¿O sí?

El poeta Taylor Mali hizo que cambiara de opinión. Sus poderosas palabras sobre la labor de los maestros han sido reenviadas por todo el mundo a través del correo electrónico. Él me inspiró a reconsiderar lo que los trabajadores sociales hacen.

Los maestros no reciben el dinero que merecen; no se sientan a presumir sobre sus salarios y sus casas de verano y sus vacaciones en el sur de Francia. Su cheque y sus bonos adicionales probablemente son patéticos, comparados con las interminables horas y pasión que entregan para planear las clases, calificar exámenes, asesorar a los estudiantes y lidiar con los padres.

Mali nos invita a reflexionar sobre la importancia de los maestros cuando, por ejemplo, son capaces de hacer que los niños trabajen más duro de lo que cualquiera hubiera imaginado. Los maestros pueden hacer de un 8 algo comparable a la obtención de una medalla de honor, si el niño hizo todo lo que pudo. También pueden hacer de un 9 algo comparable a una calificación reprobatoria, si el niño se quedó corto en esfuerzo. Los maestros tienen el poder de hacer que los padres tiemblen de miedo cuando se les pide una cita, así como con las llamadas a casa para dar seguimiento a determinado asunto.

Mali me hizo pensar en Mr. Ricco, mi profesor de literatura de tercero de secundaria. Él pudo haber sido cualquier cosa, pudo haber ido a cualquier lugar. Él amaba la ópera, la poesía y el buen vino, pero ahí estaba, enseñando a los hoscos adolescentes de la Secundaria Brown de Ravenna, Ohio, cómo escribir un párrafo decente.

También recuerdo a Mr. Maske, el maestro de coro de la preparatoria. Cuando canto en la regadera, algunas veces es esa parte de contralto de *Amor sin barreras* que hace tantos años me enseñó. Yo envidiaba las melodías de las sopranos, pero él me hizo ver que todas las partes importan (incluso las menores). Yo no le creía, hasta el día en que nos apilamos en esas gradas del auditorio de la escuela. Vaya que sonábamos casi como el Coro del Tabernáculo Mormón. Cada vez que escucho "El himno de batalla de la República" veo sus manos danzando en el aire, fundiendo nuestras temblorosas voces en una hermosa canción.

También estaba Mr. Roberto, quien me decía al menos una vez a la semana: *No hay tal cosa como una comida gratis, Brett.* Ese maestro de ciencias utilizaba tu apellido como si fuera el punto final de cada oración. Él fue nuestro propio sargento de la Marina, y es la razón por la que yo reciclo, muevo rocas en un arroyo para ver lo que hay debajo, podo la parte superior de las plantas para que se vuelvan más frondosas y quise ser guardabosques.

Hay muchos más maestros cuyos nombres se diluyeron, pero cuya marca jamás lo hará. Debido a un maestro, puedo saber cuál es el saldo en mi chequera, determinar el interés compuesto y calcular cuánta pintura necesita un cuarto de 3 por 5 metros. Gracias a un maestro, AMO leer, y cuando te gusta hacerlo, todo el mundo se abre ante ti.

A través de su profesión, muchas personas tienen la capacidad de abrirles el mundo a los demás. Desafortunadamente no son pocos quienes a pesar de la importancia de su trabajo, se encuentran en la parte inferior de la escalera salarial, lo que me lleva de regreso al humilde trabajador social.

Los trabajadores sociales, como la mayoría de los maestros, no ganan mucho. ¿O sí?

¿Qué es lo que ganan?

Que un matrimonio estéril celebre toda una vida de Días de las Madres y de los Padres al mover cielo, mar y tierra para que la pareja pueda adoptar a un niño que nadie más querría por ser adicto al *crack*.

Que un niño pueda dormir cada noche sin temor a los puños de su padre.

Que un veterano sin hogar se sienta acogido y aceptado.

Que una adolescente decida dejar de hacerse daño.

Que una mujer golpeada encuentre el valor de abandonar a quien abuse de ella.

Que un niño con síndrome de Down se sienta como el niño más inteligente del autobús.

¿Qué es lo que ganan?

Que un pequeño de diez años crea que es amado y deseado, sin importar cuánto tiempo dure en su siguiente hogar adoptivo.

Que un padre adolescente cuente hasta diez y abandone la habitación sin sacudir a su recién nacido.

Que un hombre con esquizofrenia deje atrás a sus demonios.

Que una víctima de violación hable de ello por primera vez en años.

Que un exconvicto deje el alcohol y conserve su trabajo.

¿Qué es lo que ganan?

Que una pareja restablezca la comunicación de tal manera como para decidir no divorciarse.

Que alguien que agoniza por el cáncer se reconcilie con su pasado, con su breve futuro, con su Dios.

Que un anciano cuya esposa tiene Alzheimer se regocije con la memoria de cuando ella todavía lo recordaba.

Que la gente olvidada se sienta valorada, que la gente no tan bella se sienta hermosa, que la gente confundida se sienta comprendida, que la gente rota se sienta completa.

¿Qué es lo que ganan?

Como dijo Mali sobre los maestros, hacen más que la mayoría: hacen la diferencia.

LECCIÓN 10

Magnifica el bien.

Ellos llevan la etiqueta que el mundo les otorga –vago, perdedor, exconvicto, alcohólico, prostituta–, hasta que se reúnen con Larry Petrus para descubrir que esos sobrenombres están equivocados.

Pocas personas que atraviesan las puertas del Centro Católico West Side en Cleveland dan una buena impresión, ya que llevan a cuestas su enojo, mascullan peticiones de dinero, huelen a whisky trasnochado, llevan ropa que no ha sido lavada en semanas.

Larry, quien tenía 76 años cuando lo conocí, no veía nada de esto al trabajar como voluntario en el centro los martes y los jueves por la mañana. Larry no tiene una visión perfecta cuando se trata de los pobres; es incapaz de contemplar la suciedad, el fracaso, la vergüenza. Él simplemente se coloca un par de bifocales sobre sus ojos de color gris mar y se enfrenta, cara a cara, con los hijos e hijas de Dios.

–Parto de lo que Dios piensa de ellos –afirmó–, pues Dios no lamenta ninguna de Sus creaciones.

Cuando empezó a hacer trabajo voluntario hace más de diez años, él arreglaba ropa, pero un día alguien le pidió ayuda para escribir un currículum. Muy pronto todos empezaron a solicitarle que les redactara uno, y de ahí en adelante le llamaron El Hombre del Currículum. Alguien colgó un letrero para hacerle publicidad a Larry, en caso de necesitar una carta de presentación.

—El currículum es como la etiqueta en una lata; le dice a una persona lo que es, qué tiene adentro, qué es lo que ofrece —dijo Larry con una voz tan suave que tuve que hacerme hacia delante para escucharlo.

El hombre con el cabello tan delgado como el de un bebé y cejas negras que cuelgan como gruesos signos de interrogación no se sienta a recaudar un historial de trabajos con fechas. Él cava más hondo al preguntarte: *¿Qué fue lo que lograste ahí? ¿Cuáles son tus sueños? ¿Tus esperanzas? ¿Tus pasatiempos?*

—Siempre hay algo escondido en sus vidas, algo por lo que nadie ha preguntado —me dijo.

Larry jamás ahonda en las razones por las que terminaron siendo pobres.

—La sociedad les hace sentir lo suficientemente culpables —pronunció.

Como un sacerdote, él escucha con reverencia cualquier cosa que estas personas olvidadas sienten necesidad de confesarle, y ofrece absolución en cada abrazo.

Larry se hizo hacia delante y colocó los codos sobre sus jeans deslavados para susurrar la historia de la mujer que había bebido desde que era niña, pero ahora se encuentra casada y sobria.

—Jamás creerías las historias —dijo—, la vida de prostitución, incesto, golpizas; es común verles con los ojos morados y las quijadas fracturadas.

Larry jamás desiste.

—Mientras estén vivos, siempre hay esperanza —pronuncia con total fe.

Larry nunca deja de decirles a estas personas lo buenas que

son, y les pide que se manifiesten como Dios las concibe. Él recoge las piezas que, de sí mismos, ellos han perdido. Un hombre de 45 años solo tuvo empleos humildes, limpiaba el campo de beisbol de los Indios de Cleveland y trabajaba como lavaplatos y ayudante de mesero. Larry descubrió que había ido a la universidad, pues quería ser maestro. Bajo la información de Objetivo Personal, Larry escribió: *Quiero continuar mi trabajo universitario y buscar una carrera como maestro.*

Larry también descubrió que un hombre había hecho trabajo voluntario en un centro para los hambrientos, así que destacó esta pieza vital de información en su currículum. Otro hombre laboraba para una organización de limpieza y supervisaba a diez empleados. Larry le enseñó a decir *Yo era responsable de...* y no solo *Trabajaba para...*

El Hombre del Currículum no nada más escribe que alguien solía ser el operador de una prensa troqueladora, sino que hacía 500 piezas por hora, que la prensa pesaba 600 toneladas y que la persona trabajaba turnos de 12 horas.

—¡Todas estas habilidades! —dice Larry, emocionado por los trocitos de oro que encuentra en cada candidato.

Al ser vendedor retirado de una compañía de tuercas y tornillos, Larry tiene tiempo de escribir sus notas en casa, hacer copias de cada currículum y colocarlos en un fólder elegante. Cuando termina, su paga es la mirada en el rostro que dice: *Caramba, verdaderamente soy importante y tengo algo que ofrecer.*

—Yo los hago soñar con lo que pueden llegar a ser y a que no se resignen con lo que son. Trato de inyectarles esperanza —dice—, y es gratis.

Él encuentra el valor escondido en cada alma perdida que atraviesa la puerta porque se ha entrenado para hacerlo. Cuando buscas lo bueno en todos, no solo encuentras lo bueno, sino que lo magnificas. Larry me recordó esa línea en la Biblia, la respuesta que dio María cuando supo que estaba embarazada: *Mi alma magnifica al Señor.*

Mi alma tiene el mal hábito de magnificar lo que no es bueno o santo. Con frecuencia, concentro mi lupa interna en el comentario nefasto que algún extraño hizo, o la pongo en el pasado, en algún maestro que se burló de mí en tercero de primaria o en los amigos que me decepcionaron en la preparatoria, y entonces las heridas se hacen más profundas. O quizá la dirijo al futuro, y el arroyo interminable de miedo, ansiedad y preocupación se convierte en un caudal que me arrastra consigo.

¿Qué ocurriría si tu alma realmente magnificara a Dios? ¿Qué sucedería si vieras lo bueno en todos —a Dios en cada persona—, como hace Larry?

Significaría que cada minuto de cada día deambularías con una lupa especial y la apuntarías hacia donde vieras la manifestación de lo divino.

Imagina ver a Dios en tu jefe, en la mujer del cubículo contiguo, en el conductor que va delante de ti en la carretera, en el vecino que jamás corta su césped, en el tipo gritón del metro que vende dulces.

Imagina ver solo lo bueno en tu esposa, o en el esposo que ronca tan fuerte y no baja el asiento del escusado, o en la esposa que todo el tiempo se queja y habla tanto que nada más no puedes escucharla.

Imagina ver solo lo bueno en tus hijos; en tu pequeño que empieza a caminar y hace tremendo berrinche en el pasillo por las galletas; en tu hija de diez años que se rehúsa a limpiar su cuarto; en el adolescente que destroza el auto que no pidió prestado.

Imagina contemplar a Dios en el veredicto de cáncer que acabas de recibir, o en la noticia de tu despido, o en la prueba de embarazo que salió positiva... o negativa.

¿Qué pasaría si concentraras tu lupa en lo bueno de todo aquello que se siente muerto en tu existencia, en el matrimonio que quieres abandonar, en el trabajo que te aburre, en la familia que te frustra, en la persona del otro lado del espejo?

Sea lo que sea, ese algo crece cuando lo miro a través de la lupa; de mí depende cuál escena ver detrás del lente.

LECCIÓN 11

Haz tu mejor esfuerzo sin que te importe el resultado, pues quizás es muy pronto para saberlo.

La peor columna periodística que jamás he escrito resultó ser una de mis mejores, gracias a una maestra.

A Jo Anne Hollis la nombraron Mejor Maestra del Año en la escuela vocacional de mi pueblo natal. Ella adoraba enseñar economía doméstica a alumnos con discapacidades, pues podía ver en ellos la promesa que para todos los demás pasaba inadvertida. Su especialidad consistía en hacer sentir importante a la gente. Cuando la entrevisté, Jo Anne agonizaba de cáncer. El resultado de la entrevista sería una columna que se publicaría el Domingo de Pascua.

El día después de que la conocí, escribí otra columna para la semana, que resultó ser la peor que jamás he escrito. Yo intentaba ser graciosa y no dejaba de fracasar; definitivamente, era lo mejor que podía hacer aquel día en que mi musa había salido a pasear sin permiso.

Redacté toda una columna donde denostaba la Pascua como los días festivos más burdos del calendario. Aquí transcribo parte de la columna que llevó el título de "Las golosinas de Pascua pueden hacer de ti un caso perdido":

Desde un punto de vista alimentario, son suficientes para hacer vomitar al Conejo de Pascua. Cada productor de dulces piensa que los consumidores compran golosinas según su color (entre más brillante, mejor). El rosa Pepto-Bismol sigue siendo la tonalidad número uno, casi empatada por el asqueroso violeta.

¿Y por cuál razón todo tiene que presentarse en forma de huevo? ¿Quién decidió eso? Seguramente no fue el Conejo de Pascua. En sí mismos, los huevos son descaradamente desagradables, a excepción de los huevos rellenos.

¿Huevitos de dulce color azul, como los que ponen los petirrojos? Son antiquísimos, ¿y qué tipo de niño querría comer un huevo de petirrojo? ¿Y qué tipo de padre lo dejaría?

Los conejitos de chocolate siguen siendo los número uno en ventas, pero hay que tener buena suerte para encontrar uno que no tenga sabor como si proviniera del museo de cera. Si crees que soy la única que está harta de esta situación con los dulces, solo espera a que llegue el domingo. No te sorprendas si el Conejo de Pascua te deja algunas bolitas pequeñas de color café junto a tu canasta, y no serán pasitas cubiertas de chocolate.

Mis colegas en la sala de redacción pusieron los ojos en blanco cuando leyeron la columna. Sin que se dieran cuenta, escuché comentar a algunos que seguramente estaba exhausta al momento de escribirla. Unos cuantos lectores llamaron para criticarla, lo que me hizo sentir avergonzada. Yo había hecho lo mejor que podía con la información con que contaba ese día, pero su crítica apretó mi botón de DUDA INTERNA, el que repite la misma grabación: *¿Qué diablos te pasa? ¿Es que no puedes hacer nada bien?* La voz de mi papá en su peor momento todavía toca en mi interior cuando me juzgo demasiado severamente o alguien más lo hace.

Ese mensaje me estuvo desgastando hasta el día que hablé

con el esposo de Jo Anne, después de que mi columna sobre ella se publicara el Domingo de Pascua. Yo escribí sobre la decisión que tomaron los maestros de la Escuela Vocacional Maplewood para otorgarle el reconocimiento de la Mejor Maestra del Año.

Jo Anne tenía 44 años y estaba muriendo de cáncer uterino. En solo cinco meses, la enfermedad se había esparcido al colon, hígado, pulmones, columna y cerebro. Para ella, era casi más difícil saber que no podría regresar a su salón de clases, que escuchar que el cáncer se había propagado por todo su cuerpo.

Jo Anne ya no tenía un salón, pero todavía contaba con lecciones que ofrecer desde su cama de hospital instalada en su casa. Lo primero que ella me enseñó fue ver a los ojos a la gente, y a llamarles por su nombre. Una vez que sus ojos color avellana capturaron los míos, no los dejaron ir.

Cuando la entrevisté, no podía levantarse de la cama, y llevaba en su cabeza sin cabello una encantadora mascada de seda. Jo Anne me hizo un gesto para que me acercara un poco más, y así pudiera verme mientras hablábamos. Ella exudaba una calidez que jamás he vuelto a sentir en nadie desde entonces. Era como si todo su cuerpo irradiara una luz que no podías ver, pero sí sentir. Era como estar en la presencia del amor puro y la gracia. Entre más te acercabas a ella, menos notabas que su cabello había caído y que su piel se estaba volviendo transparente.

Jo Anne me contó que varios autobuses llenos de maestros habían aparecido en su jardín con carteles que proclamaban ASÍ SE HACE, JO, MAESTRA DE PRIMERA y LOS MAESTROS CAMBIAN VIDAS. Cada uno caminó por su pasto y se detuvo en la ventana de su recámara para agradecerle. Jo Anne hablaba en presente sobre su trabajo, incluso cuando sabía que jamás volvería a ejercerlo. Una tos seca le ponía el punto final a cada oración. También me contó por qué amaba enseñar a los estudiantes discapacitados.

—Cuando llegan al salón de clases ven hacia el suelo —dijo—, pues no tienen nada de autoestima. Ellos no conciben la idea de que son buenas personas, pues la gente los ha menospreciado, los han empujado al rincón y les han rehuido. Una de las más grandes gratificaciones para mí es contemplar cómo esos ojos se elevan del suelo para encontrarse con los míos y saber que van a salir de ese abismo.

Su trabajo consistía en colocar a los estudiantes en empleos de servicio.

—Pueden aprender habilidades laborales en cualquier lugar si la gente tiene paciencia con ellos —dijo—. Lo que es un poco más difícil es aprender habilidades para la vida.

Cuando ella se llevaba a los estudiantes en una camioneta para invitarlos a comer a algún pabellón de comida rápida, se paraba en el restaurante favorito de cada niño para ayudarles a ejercer sus elecciones individuales. En la Iglesia Unida de Cristo, donde ella era maestra de la escuela dominical, inició la Unidad de Cuidado Intencional, en la que los miembros visitaban a los enfermos, enviaban tarjetas y ofrecían aventones al hospital.

Como guía de las Niñas Scouts, ella siempre le daba mucha importancia a la diversión; sus chicas no siempre se la pasaban incómodas cuando salían de campamento.

—Una vez al año vamos al Sheraton —Jo Anne confesó, susurrando como si fuera un niño que revela un secreto—. Si las chicas quieren gastar el dinero de sus galletas ahí, por mí no hay problema. Yo lo que quiero es divertirme, y si haces divertido el viaje, las personas lo recordarán por el resto de sus vidas, sea tarea escolar, trabajo doméstico o servicio en la iglesia.

Lo que más le preocupaba era dejar la maternidad, pues quería vivir el tiempo suficiente para ver a su hijo de 16 años,

Tony, convertirse en un Scout Águila, y a su hija de 14, Dawn, recibir su confirmación. Ella sabía que no viviría para verlos graduarse o casarse o tener hijos. Jo Anne quería que sus pequeños recordaran cuánto los amaba, y que podían celebrar la belleza y la maravilla de cada día si tan solo se abrían a esa posibilidad. Jo amaba el amanecer.

—Es maravilloso, puedes ver cómo el sol empieza a salir y sabes que se trata de la gloria de Dios —decía ella con una voz que se iba desvaneciendo rápidamente.

Jo Anne quería que sus hijos y sus estudiantes compartieran su misión en la vida, cuya definición había encontrado en los Efesios, su libro favorito de la Biblia:

> *Camina con dignidad a través de la vocación para la que has sido llamado, con absoluta humildad y sumisión, con estoicismo, soportando con paciencia y amando a tu semejante... ahora que eres luz en el Señor, camina como hijo de la luz.*

Su brillo se apagó el Domingo de Pascua; Jo Anne Hollis murió al amanecer, su momento favorito del día.

Cuando supe que había muerto, llamé a su esposo, Bill.

—¿Recuerdas la columna que escribiste sobre los dulces de Pascua? —preguntó.

Me preparé para lo peor. *¡Ay, no!*, pensé. *¿Habrá sido demasiado para ella? ¿Tan terrible era?*

Bill quería que supiera que se había sentado junto a su cama para leérsela.

—Ella rio y rio —me dijo—. Más tarde, ese día cayó en coma y no volvió a despertar. Quiero darte las gracias por esa columna; fue la última vez que compartimos una carcajada.

Ese fue el regalo de Jo Anne para mí, pues supe que incluso en mi peor momento puedo ofrecerle un regalo a alguien más. A través de su risa, tuve la certeza de que los esfuerzos más precarios pueden conmover a una persona, y finalmente entendí que los resultados de lo que hago no me incumben.

Cada vez que juzgo a alguien o a mí misma en forma severa, pienso en Jo Anne Hollis. ¿Cómo sabemos realmente cuánto vale nuestro trabajo? Nuestra tarea no consiste en juzgar el valor de lo que le ofrecemos al mundo, sino en seguírselo ofreciendo a pesar de todo.

Quizá nunca llegues a conocer cuánto valen verdaderamente tus esfuerzos o quizá sea demasiado pronto para saberlo.

LECCIÓN 12

Todos hacemos las mismas cosas; lo que marca la diferencia es cómo las hacemos.

Todo el mundo trajo un regalo para los novios, pero uno de ellos sobresalía. Era tan encantador que la novia ni siquiera quería abrirlo. Envuelta con un papel blanco platinado, la caja llevaba un listón dorado, verde y rojo, así como un racimo de uvas con la apariencia más real que uno pudiera imaginar. Era absolutamente deslumbrante y parecía más como una pieza de centro para las mesas de la boda que un regalo para los novios.

Todos exclamamos y ovacionamos, hablando maravillas del paquete, preguntándonos en voz alta qué tienda había hecho un trabajo de envoltura tan bello. Resultó ser que la mujer que estaba sentada a mi lado lo había envuelto. Jamás olvidaré lo que Sandy Horton dijo cuando alabé su regalo.

—Alguien me enseñó hace mucho que todos hacemos las mismas cosas —me dijo—, la diferencia está en cómo las hacemos.

Pienso en esas palabras con frecuencia, especialmente cuando conozco gente que realiza trabajos que uno consideraría comunes, pero que le añaden una chispa para hacerlos extraordinarios. Cualquiera que haya puesto un pie en el Baño Feliz de Valerie, jamás olvidará cómo dirige ella su empresa.

—Bienvenidos al Baño de Valerie —grita ella. Su lema es: *Relájate y sé feliz al hacer pipí.*

Mi hija la conoció en el aeropuerto de Charlotte, en Carolina del Norte. El trabajo de Valerie consiste en limpiar el baño, pero ella jamás deja de sonreír o cantar.

—*Eres mi rayo de sol, mi único rayo de sol* —le canta a toda mujer que entra al baño.

—Hay muchos asientos para ti, así que no hay espera —dice, mientras bailotea y abre las puertas de los privados para que entren las personas—. Si no puedes divertirte en el trabajo, no vayas a trabajar. Esta es la zona para gente muy importante, así que es fundamental que tengas un asiento en el Baño Feliz de Valerie. ¡Aquí es donde la gente se alegra haciendo pipí!

Valerie es una mujer que limpia un baño público todo el día, y que podría sentirse mal por ocupar uno de los peldaños más bajos de la escalera profesional; sin embargo, es capaz de elevar el espíritu de todos sin importar en qué escalón de la vida se encuentren.

—*Tengo ganas, tengo ganas, tengo ganas de ir al baño* —canturrea ella, y aplaude con los guantes.

Hay que admirar su alegría de vivir en lo que —chiste intencional— podría ser un trabajo de porquería.

Hay otros que también infunden esa clase de gozo en su actividad cotidiana. Alguna vez leí un obituario de una enfermera que les cantaba a los pacientes, y todos ellos atesoraban sus canciones y pedían por la Enfermera Cantante.

También está Robert McIntyre, quien trabaja recibiendo a la gente en la Clínica de Cleveland. Su trabajo consiste en brindar una mano, ofrecer una silla de ruedas o dar indicaciones a los pacientes y sus familias al ingresar o salir del centro para el cáncer. Robert lo hace con un toque especial, pues se pone un abrigo rojo y un sombrero negro de copa y les canta a todos.

Nuestro hombre en cuestión jamás aspiró a ser cantante. Alguna vez perteneció al coro de la iglesia, pero nadie podía frenar al Hermano McIntyre ni su voz, que aunque catalogada como la de un tenor deambula por donde quiere.

—Yo solo me aventuro con lo que suena bien para mí en mi garganta —me dijo.

Su carrera de cantante empezó en un estacionamiento de otro hospital hace 15 años. Era un acomodador al que le gustaba la acústica del lugar, así que un día llevó una grabadora, se aseguró de estar solo y después cantó a gritos "Under the Boardwalk" (Bajo el malecón) de los Rolling Stones.

—Mi única compañía eran los autos —dijo.

Al terminar, escuchó un aplauso estruendoso, se dio la vuelta y contempló a 30 personas aplaudiendo.

Caramba, pensó, *voy a perder mi empleo.*

Desde ese momento en adelante, él canta a la menor provocación; de manera cotidiana, ejecuta sus canciones en el Centro Taussig para el Cáncer, de la Clínica de Cleveland, dándole serenata a los pacientes con su abrigo rojo y su sombrero de copa negro.

—Soy una especie de conserje, saludador, transportista —dice—. Soy un conglomerado de distintas cosas.

Su gafete muestra a un hombre calvo bajo el sombrero extragrande de copa que guardó de su antiguo empleo como portero de un elegante hotel. Cuando no lo lleva puesto, se llama a sí mismo Hermano Secreto. Robert guarda el sombrero en un armario plateado que se encuentra al lado del escritorio de informes, junto con una bolsa de plástico del tamaño de un galón que contiene fotos familiares enmicadas. En una foto está su hermano, quien murió de cáncer.

—Canté para él todo el repertorio —dijo.

La lista de canciones de Robert incluye "I Can See Clearly Now" (Ahora veo todo con claridad), "Sweet Hour of Prayer" (La dulce hora de la oración), "You've Lost That Lovin' Feeling" (Has perdido ese sentimiento amoroso), "Mr. Bojangles" y "God Is Still on the Throne" (Dios todavía se encuentra en el trono). Él hace que los pacientes se sientan como miembros de la realeza; llegan débiles por el cáncer o la quimio, ayudándose a caminar con bastones o andaderas, y se van con el ánimo en las alturas debido a la sonrisa y las canciones de nuestro héroe.

Después de cinco años aquí, todo el mundo lo conoce. Una vez, durante su ejecución de "You Are Everything" (Eres todo para mí), una mujer interrumpió para preguntarle:

—¿Tú eres Robert? He escuchado cosas muy buenas de ti.

Él sonrió y preguntó:

—¿Qué puedo hacer por usted?

Mientras llevaba a cabo este diálogo, se dirigió hacia una camioneta que acababa de llegar, tomó una delgada mano entre la suya y guio a una mujer hasta su silla de ruedas. Robert no se entromete, no hace preguntas, y cuando canta, mantiene bajo el volumen. Con frecuencia, la gente le pregunta:

—¿Dónde cantas?

—Aquí, en este lugar —responde.

Cuando le dicen que debería ser un profesional, responde:

—Lo soy. Soy el cantante profesional de esta área del hospital.

Por una paciente nuestro protagonista se fue de gira. Robert siempre cantaba "Smoke Gets in Your Eyes" (Humo en tus ojos) a Shirley Dorsey, quien llegó al centro a que la radiaran y le administraran quimioterapia para combatir un melanoma. Ella no respondió bien al medicamento, pero sí a Robert, pues él le cantaba sus himnos. Cuando murió, su esposo, Ed, le pidió a Robert que cantara en el funeral.

Robert se puso su abrigo rojo y su sombrero de copa para cantar "Order My Steps" (Guía mis pasos). Posteriormente, Ed lo invitó a comer, le presentó a toda la familia y le dio crédito por los últimos días de la vida de Shirley.

—Él la alegraba —dijo Ed—. Muy probablemente, extendió su vida.

Pero Robert se sacude la alabanza.

—Jamás me lo propuse —dijo—. Me tomó años darme cuenta de que este era mi llamado.

Robert convirtió su trabajo en una vocación, y esa es una opción con la que cada uno de nosotros contamos. Todos hacemos las mismas cosas, pero lo que marca la diferencia es cómo las hacemos. Cuando somos capaces de hacerle sentir a alguien más que es algo preciado, nos convertimos en un regalo para la humanidad.

LECCIÓN 13

Ajusta tu propia máscara de oxígeno antes de ayudar a otros.

Cuando las azafatas dan el conocido sermón de seguridad, nadie les pone atención, pero yo le pongo un alto a lo que sea que esté haciendo y me obligo a ver, pues es un recordatorio bienvenido de que tengo que cuidarme mejor. Disfruto el momento en que la mujer sostiene la máscara de oxígeno y le dice a todo el mundo: *Si viajan con niños pequeños, primero pónganse la máscara ustedes, antes de ayudarles a ellos.*

¿Cuántas veces nos dan permiso de anteponernos a los demás?

Los padres viajeros no son los únicos que necesitan hacerle caso a ese consejo. Las mujeres somos especialmente culpables de desatender nuestro ser, ya que se nos ha educado para anteponer las necesidades del esposo, hijos, vecinos, extraños, incluso en el trabajo.

Una vez entrevisté a un psicólogo de la Clínica de Cleveland para un programa de radio cuyo tema era el estrés. El Dr. Michael McKee dijo algo que jamás olvidaré: *No apliques la norma de manera distinta en tu persona.* Necesitas tratarte a ti mismo tan bien como tratas a todos los demás. Esa lección me pegó muy duro una vez que tenía un gran deseo de ir a una clase de yoga y, finalmente, pude hacer un espacio en mi ocupada agenda.

No había ido en meses, y quise asegurarme de dejar esa noche libre para mí. Dos horas antes de la clase, una querida amiga me llamó, pues necesitaba a alguien que le cuidara a su hijo.

Le respondí que claro que lo cuidaría, y cancelé mis planes de yoga. ¿Por qué necesitaba que le cuidara a su hijo?

Porque ella quería ir a su clase de yoga.

¡Grrrrrr!

Se me fastidió mi lección de yoga, y lo peor es que yo solita fui quien me metí en el problema. Pasé un rato increíble con el hijo de mi amiga, pero en ningún momento me detuve a pensar si quería ofrecer mi tiempo de esa manera.

Esto es algo que siempre hago, como la mayoría de las mujeres que conozco.

Hace años, el Colegio Americano de Cardiología en Atlanta presentó un informe superdocumentado donde decía que las mujeres tienen un mayor riesgo de morir de infartos que los hombres porque retrasan la llegada al hospital. Una vez que experimentan los síntomas de un problema cardiaco, las mujeres, normalmente, tardan una hora más que los hombres en llegar al hospital.

Quizás eso asombre a los doctores y a los investigadores, pero no es ninguna sorpresa para las mujeres. Cuando un hombre siente dolor en el pecho, llama al 911 y se dirige al hospital. Sin embargo, ¿qué es lo que por lo general hace la mujer ante tal escenario?

Pues ella decide que el dolor quizás indique algo serio, así que cocina una lasaña, un pastel de carne y un guisado de atún para alimentar a toda su familia durante la semana que ella estará en la unidad de cuidados intensivos.

Cuando abre el refrigerador para sacar los ingredientes, no tolera ver ese queso ya verde y las sobras desordenadas, así que se pone a tirar todo y a limpiar los estantes. Nuestra heroína prepara los almuerzos de todos los demás, antes de empacar sus cosas para el hospital. Cuando entra al baño para tomar su cepillo de dientes, hace una pausa para limpiar el lavabo, la tina y el escusado.

Ella piensa que su familia se va a quedar sin ropa interior limpia en un día, entonces mete una carga a la lavadora y dobla todo lo que estaba en la secadora. La mujer se va al hospital una vez que todos comieron, hicieron su tarea y terminaron con sus deberes.

De camino al sanatorio, deja a su hija en su entrenamiento de futbol, devuelve unos libros atrasados a la biblioteca y se apunta para ayudar en el programa de lectura del preescolar.

Para cuando llega a la sala de emergencias, ella vive una experiencia cercana a la muerte, pero en vez de ver su propia vida apareciendo ante sus ojos, enfoca las vidas de sus hijos y su marido.

Las mujeres siempre han ignorado su dolor y minimizado sus necesidades. Nosotras nunca aplicamos la misma norma para todos, pues nos colocamos en último lugar y jamás trataríamos a otra persona de manera tan miserable.

¿Cómo cambiar? ¿Cómo empezar a ponernos primero la máscara de oxígeno?

En primer lugar, permítete hacerlo. Considera esto como tu permiso oficial para atenderte mejor; los cuidados y el apapacho que recibas dependerán de ti, y de nadie más.

El Dr. McKee ofreció unas cuantas soluciones que puedes probar; aquí están varias de las recetas de nuestra conversación:

Cuídate a ti misma: No apliques una norma distinta cuando se trata de ti; tampoco tengas menor respeto a tus necesidades que el que muestras hacia las de los demás. No seas tan excesivamente generosa con los otros como para que no quede nada de ti para ti, y jamás anotes con lápiz el ratito que quisieras para ti, escríbelo con pluma.

Toma cinco: Detente y toma cinco minutos para calmarte, centrarte y aclarar tu mente. Antes de recoger a los niños después del trabajo o detenerte en la tienda, quédate sentada en el auto y tranquilízate. Reiníciate como si fueras una computadora; eso te ayudará a tomar mejores decisiones y a descubrir que realmente no eres el eje sobre el cual gira el mundo. ¡Qué alivio!

Haz seis respiraciones por minuto: Yo soy pésima con el asunto de la respiración. El Dr. McKee me sugirió hacer solo seis respiraciones cada minuto. Inhala por cinco segundos, después pasa cinco segundos exhalando. Inténtalo, es sorprendente.

Recupéralo: No le entregues el control remoto de tus emociones a los demás. Ya no sigas acusando: *Ese tipo me está enloqueciendo... Mi jefe me está provocando una úlcera... Los niños me causan migrañas.* Recupera el control remoto y presiona TRANQUILA. No puedes controlar lo que los otros hacen, pero sí tu reacción emocional hacia ello.

Toma descansos a lo largo del día: Escoge momentos para practicar tu nueva respiración, como cuando esperas en el semáforo, o cuando te va a llegar un correo de tu jefe o haces la fila del supermercado. Lleva a cabo una o dos respiraciones abdominales de diez segundos, y afirma: *Todo está bien, todo está bien.*

Embárcate en un crucero de placer: Cada semana aparta una hora para ti, y lánzate a tu propio crucero de placer. Invierte en una hora de belleza y ve al museo de arte, entra a una joyería o visita una tienda de flores. Dedica una hora de tranquilidad para escuchar tu música favorita, lee a tu poeta preferido, utiliza tu baño de burbujas predilecto. Aparta una hora y dirígete a la naturaleza y empápate de sol, del sonido de la lluvia, del resplandor de las estrellas. Si no puedes hacer esto por 60 minutos seguidos, divide este periodo en tres regalos de placer que duren veinte minutos.

Haz un inventario de tus bendiciones: Cuando estés atorada en medio del tráfico, voltea a ver a tu alrededor y haz una rápida lista de aquello por lo que te sientes agradecida. Si el auto de al lado se cae a pedazos, ah, pues da gracias por el tuyo; si el auto de enfrente lleva tres niños que no paran de gritar... pronuncia *Om*, y da gracias por el silencio dentro del tuyo.

Adopta una visión a corto plazo: Ve la vida como una serie de carreras cortas, no como un maratón interminable al que no se le ve fin. Entre cada serie de excursiones, descansa y renuévate.

Aristóteles separó el mundo en pensamiento, emoción y acción. El Dr. McKee dijo que para poder manejar bien el estrés, uno debe transformarse en cada una de esas áreas. Mi cita favorita de Aristóteles es la siguiente: *Somos lo que hacemos de manera repetida.* Habitúate a amarte a ti misma como amas a los demás.

Ponte tú primero la máscara de oxígeno y todos los que están a tu alrededor también respirarán con mayor facilidad.

LECCIÓN 14

En vez de tratar a las personas como te gustaría que te trataran, hazlo como les gusta que las traten.

La mayoría de nosotros creció con la regla dorada de *Haz a los demás lo que quieras que te hagan a ti.*

Tan bueno como eso suene, quizá no sea el paradigma del buen trato. Con frecuencia hacemos por la gente cosas que consideramos benéficas, pero quizás esas personas no quieran recibir tal forma de apoyo.

Alguna vez leí la historia de dos hermanas que para ayudar a su mamá a superar la carga emocional del cáncer decidieron limpiar su casa. Las mujeres pasaron horas tallando cada centímetro del baño para que estuviera estéril cuando la enferma cambiara sus vendajes de la cirugía. Sin embargo, cuando su mamá llegó a casa después de su estancia en el hospital, y vio el baño reluciendo de limpio, se sintió herida porque sus hijas habían invadido su privacidad.

Cuando yo cursaba segundo de secundaria, nuestro grupo hizo una colecta para comprarle algo especial a la maestra. No teníamos idea de qué obsequiarle, así que recaudamos lo suficiente para regalarle un abrigo. Después nos enteramos de que se sintió lastimada por habérselo dado, pues se preguntó si su propio abrigo estaba tan desaliñado como para necesitar uno nuevo.

Mi mamá alguna vez nos dijo que quería una televisión portátil para la cocina, pequeña para poder ponerla en el mostrador mientras preparaba la comida y moverla de una habitación a otra si era necesario. Mi papá le compró una enorme televisión que ella no podía cargar, así que se sintió desilusionada porque él no había escuchado cuál era su necesidad. Mi papá, a su vez, se sintió confundido por el hecho de que ella rechazara una televisión más grande y mejor que la que había pedido.

La lección aquí es la siguiente: trata a las personas como ellas quieren ser tratadas. Lo que es importante para nosotros quizá no sea lo más importante para la persona que queremos ayudar. Yo he aprendido a preguntar sencillamente: *¿Cómo te puedo ayudar?*

Cuando conocí a Susan, ella era conserje en el Hotel Renaissance de Cleveland, localizado cerca de la Plaza Pública. Sus tarjetas de presentación decían *Supervisora de Conserjería*, pero el título de Alfombrita de Bienvenida sería más apropiado. ¿Había un problema? Susan tenía la solución. A ella siempre podías encontrarla en el lobby del hotel, con el teléfono metido debajo de su oreja izquierda, mientras la fuente borboteaba al fondo.

¿Necesitabas un cambio de vuelo? ¿Habías perdido tu equipaje? ¿Querías boletos para un espectáculo, cuando estos estaban agotados? No había problema. Como un genio, ella concedía tus deseos, pues para esta mujer todo el mundo tenía categoría VIP. Su misión consistía en tratar a las personas como querían ser tratadas.

Jamás había un día normal para Susan, quien se despertaba al diez para las cuatro de la madrugada para llegar al trabajo a las cinco, media hora antes de lo necesario. En catorce años, jamás había llegado tarde.

—En serio, no hago nada especial —me dijo—, solo es amabilidad. Es la forma en que a mí me enseñaron, pues mi madre era el alma más maravillosa y nos educó para que manifestáramos empatía y amor. Espero ser su más grande legado.

Cuando un famoso poeta quería una copa de vino blanco a las 9 de la mañana, Susan encontraba a alguien que se lo sirviera. Cuando el famoso mariscal de campo de los Browns de Cleveland, Bernie Kosar, necesitó una niñera para sus sobrinos, Susan se ofreció como voluntaria. Cuando uno de los miembros de la banda Allman Brothers se rompió un diente, Susan encontró un dentista. Cuando Ryan Craig, un colega, invitó a sus padres a pasar su aniversario en el hotel, Susan esparció pétalos de rosa en la cama.

Casi todas las personas que entrevisté tenían una historia que contar sobre Susan:

La mecedora

Una mujer con un recién nacido necesitaba desesperadamente una mecedora para calmar el llanto de su bebé. Después de descubrir que el hotel no contaba con una, Susan llevó una mecedora de madera de su casa para que la mujer pudiera usarla.

La bicicleta

Cuando la persona que le prometió prestarle su bicicleta a un triatleta no cumplió su palabra, Susan le prestó la suya al deportista. Él llegó en segundo lugar.

El traje de baño

Histérica ante el posible robo de su ropa, una mujer entró un día al hotel solo con el traje de baño puesto. Susan la tranquilizó dándole los jeans y la playera que siempre tenía a la mano en caso de necesitarlos.

La muestra
Una mujer llegó a la ciudad para tratarse un cáncer renal y necesitaba llevar al hospital una muestra de orina, pero no tenía energía para hacerlo, entonces Susan se ofreció a entregarla.

Los huérfanos
Un grupo de huérfanos de Rumania fueron de visita a la ciudad en otoño. Como ellos jamás habían escuchado sobre el Halloween, Susan confeccionó veinte bolsitas para que los chicos pudieran ir de puerta en puerta y experimentar el tradicional Halloween estadounidense.

El paciente
Un chico llamado Johnny voló de St. Louis para tratarse un cáncer cerebral en la Clínica de Cleveland. Cuando su padre tuvo que volar de regreso un poco antes de lo previsto, Susan pasó sus noches junto a la cama del muchacho para que no estuviera solo.

El baño
El agente de Diahann Carroll llamó al hotel para asegurarse de que la actriz pudiera darse un baño de leche. Susan buscó una lechería en la localidad que estuviera dispuesta a entregar enormes cubetas con el líquido. Ella hizo que la calentaran antes de enviarla al cuarto de la actriz para vaciarla en la tina. La señorita Carroll estuvo más que sorprendida, pues al parecer su solicitud fue malentendida; lo que ella quería era una poca de leche para mezclarla con el agua.

La bolsa
La mejor historia empieza con una pareja de Chicago que llegó frenética a la recepción del hotel por la pérdida de una bolsa. La pareja pensaba que la bolsa podría estar en un McDonald's en algún punto entre Chicago y Cleveland. Susan tomó el

asunto como un reto, así que sacó mapas y trazó la ruta de la pareja, después llamó a la sede central del McDonald's y obtuvo los números telefónicos de cada sucursal a la orilla de la carretera interestatal (los treinta números). A su décima llamada, encontró la bolsa italiana.

—No sé quién se sintió más feliz —me dijo Susan—, pues en ese momento supe que podía hacer cualquier cosa.

Quizá todos podamos hacerlo, si tan solo descubrimos lo que la gente quiere.

LECCIÓN 15

Todos le importamos a alguien.

John Wood no tenía acta de nacimiento, a menos que tomes en cuenta la raída Biblia negra que constituye la prueba de su linaje, y la promesa de una herencia en sus páginas con ribetes dorados.

Él ni siquiera sabe cuántos años tiene, pues una mujer lo encontró tirado en un contenedor de basura en la ciudad de Nueva York cuando era un recién nacido, hace como 70 años. Ella lo llevó a casa, le dio un nombre y lo crio lo mejor que pudo. El bebé que ella rescató de la basura hizo de su misión de vida ayudar a la gente que no tiene hogar. Durante más de veinte años, él trabajo en la organización City Mission de Cleveland, la cual ayuda a las personas que viven en la calle. John hacía de todo, desde preparar la sopa hasta tender las camas, en nombre del amor por los hombres que creen que no pueden ser queridos.

—Yo acabé trabajando con las personas que no tienen hogar —dijo John, sonriendo ante la ironía del asunto—. Toda mi vida ha sido un gran milagro.

Aquellos a quienes ayuda no saben cómo llamarle, pero él responde a los apelativos de Reverendo Wood, Hermano John, Woods o Doc. Si John tuviera un currículum, este mostraría que ha sido trabajador social, conductor de camiones, técnico de emergencias médicas, ministro y embalsamador.

Un pastor de Cleveland lo invitó a la misión cuando los hombres sin hogar eran todos unos viejos alcohólicos de los barrios marginales. Ahora la misión, un complejo moderno de edificios prístinos, se dedica más que nada a atender jóvenes con problemas de drogadicción.

Cuando John empezó aquí como ministro, la misión tenía cinco empleados, pero actualmente cuenta con 62. John manejaba el camión averiado, componía las tuberías con fugas y quemaba la basura. Él todavía conserva el cuchillo con que un hombre borracho lo amenazó hace mucho tiempo.

—Ah, qué tiempos aquellos —dijo, sonriendo. Recordó sus descensos al sótano del viejo local para quemar basura y ver cientos de ratas.

"Esos tiempos se han ido ahora —dijo, riendo—, como yo.

Tuve el privilegio de conocerlo en su fiesta de jubilación. John quería pasar más tiempo con su esposa, Bea, pero planeó seguir con su sacerdocio en la cárcel, así como con las visitas a los delincuentes que presentaban algún problema mental.

—Yo no los intimido, ni los hago sentir culpables —explicó—. Ellos tienen preocupaciones y heridas, entonces los escucho.

Sus orejas parecen pequeñas alas que sobresalen del cabello cortado al rape. Una raya de color naranja recorre el centro, como recordatorio del chico pelirrojo que encontró a Dios a los ocho años y jamás lo perdió.

En la comida de homenaje, John se sentó en silencio con las manos dobladas en su regazo, mientras la gente lo alababa.

—John Wood fue como un padre para mí y todos los del programa —dijo un empleado mientras, al unísono, asentía todo un grupo constituido por hombres que sabían con qué frecuencia llevaba John a alguien a casa o de paseo al zoológico.

Otro hombre habló de cómo John usaba la Biblia a manera de cuento, compartiendo relatos de esperanza.

—Él era como Moisés —dijo el hombre—, y las personas en el programa, sus seguidores.

Después, John se dirigió al atril y leyó palabras del profeta Jeremías que coincidían con la historia de su vida, y la de aquellos a quienes ayudó a sentirse amados.

—*Antes de formarlos... supe quiénes eran* —leyó John—, *y los santifiqué.*

John les dijo que no podía recibir el crédito por salvar a ninguno de los hombres.

—Aunque predico los Evangelios, no me glorifico —dijo.

Después, cerró de un golpe la vieja Biblia negra, cuyo listón marcador está totalmente deshilachado, y se alejó con la cabeza agachada como si todavía estuviera rezando por algún alma perdida.

Todos le importamos a alguien; ese es el mensaje que la gente aprende o enseña en City Mission.

Hay otro hombre que practica ese lema cuando trabaja ahí como voluntario. John Gulley no predica esto en palabras, sino en cortes de cabello. Él puede restaurar la dignidad de un hombre en 20 minutos o menos. En sus manos, un peine se convierte en una varita mágica, las tijeras despliegan sus alas y los vagos sin hogar se transforman en caballeros dignos de un poco de loción para después de afeitar.

Solo hay que poner un pie en la peluquería —el baño de los hombres—, donde John corta pelo que ha dormido en las calles, no se ha lavado en días y algunas veces alberga pequeños bichos. El hombre alto con la cara larga, cálida y paternal (estilo Bill Cosby), sabe que la única diferencia entre el hombre en la silla y todos los demás es una elección equivocada.

El cabello de John se está volviendo gris, pero sus cejas gruesas son tan negras como la bata que utiliza para cortar. Dos días a la semana, se pone unos guantes de látex y abre su negocio junto al lavabo y el mingitorio. Algunas veces escucha música *gospel* mientras corta. Al estar observándolo, el zumbido de la rasuradora, el silbido de las tijeras y el murmullo de la conversación creaban música de fondo.

—Él es muy amable —dijo Anthony, quien llegó con un pelo afro bastante esponjado e inclinó la cabeza hacia los cúmulos de pelo cortado en el piso; llevaba un año sin ir a la peluquería. John pasó la rasuradora sobre la cabeza de Anthony, haciéndolo gentilmente para poder conservar la raya. Por último, esparció un poco de talco en una toallita y limpió al cliente.

—Muy bien —dijo Anthony, observando su corte, que era parecido a uno a ras, solo que con un poco más de pelo en la coronilla—. Gracias.

En el momento en que un hombre se iba, otro entraba. Algunos días, John llegaba a cortar 35 cabelleras.

—¿Cómo estás hoy, Bill? —preguntó John—. ¿Quieres un corte a rape?

—Casi, pero no totalmente a rape —contestó Bill. Mientras la mata negra va cayendo, Bill cierra los ojos, se relaja, y John empieza a hablar sobre sus clientes.

—Todos cometemos errores —dice—, solamente que son distintos. Ellos no son peores de lo que yo soy, aunque sí sus consecuencias. Mi suciedad y mi equivocación no me lastimaron de la misma manera que a ellos.

—¿Quieres una raya? —preguntó John.

—No, señor —contestó educadamente Bill.

John no tiene ningún entrenamiento como peluquero. Después de 25 años de servicio, se jubiló todavía joven de la compañía de mensajería UPS y empezó a hacer trabajo voluntario en la Cruz Roja, donando sangre y ayudando a víctimas de desastres. Empezó a cortar el cabello de algunas personas de su iglesia, después se dio cuenta de lo mal que se veían algunos individuos sin hogar y llamó a la City Mission para ofrecer su ayuda.

—Yo rezo todos los días y le pido a Dios que guíe mis ojos y mis manos, y que les dé fortaleza a mis piernas, pues no soy un peluquero. Le pido que me guarde del cansancio y la fatiga hasta que acabe —dijo, agregando que nadie se quejaba de su trabajo—. Los clientes dicen: *No está mal este corte.*

"¿Sabes cuál es la diferencia entre un mal corte y un buen corte? —me preguntó John, y después remató el chiste—: Cuatro días.

Don se sentó y John le ajustó una capa negra alrededor del cuello.

—Él lo hace superbién —dijo Don.

—Está siendo amable —contestó John.

—Estoy diciendo la verdad —insistió Don.

John jamás ha aceptado dinero por cortar el cabello, y jamás lo hará.

—Dios es mi testigo, jamás lo hago por dinero —dice—, amo cortar el cabello a mi manera y me siento bien cuando termino. La mayoría de estas personas no podría pagar un corte de pelo. Como acaban de salir de la cárcel, mucha gente los rechaza por su facha de pordioseros.

"Yo era alcohólico, pero empecé a hacer a un lado el vicio todos los días hasta que Dios se llevó el mal hábito. También me encantaba decir groserías, y después Él también se llevó eso y me permitió ver lo horrible que era esa costumbre.

Con la desaparición de la mala facha, John es capaz de ayudar a estos hombres a encontrar su belleza interna.

—El corte de pelo es algo secundario —explica John—, pues el cuerpo solo es un recipiente.

Recortó el pelo alrededor de la nariz de Don y le pasó un espejo.

—Me siento espectacular —dijo el hombre al galán en el espejo.

—Hermoso, eso es hermoso.

LECCIÓN 16

Defiende a los demás, especialmente cuando no están presentes para hacerlo ellos mismos.

En el transcurso de mi vida ha habido numerosas ocasiones en que debí alzar mi voz en defensa de alguien; sin embargo, no lo hice.

Mientras hablaba por teléfono un día, quien llamaba empezó a contarme sobre un negocio que tenía. De manera casual, mencionó lo mezquino que era uno de sus clientes.

—Uno pensaría que su apellido es Goldstein —dijo, y después se desvió hacia otro tema.

Dentro de mí, una voz gritó: *¿Goldstein? ¿Acaba de insinuar que los judíos son tacaños, trae a la conversación ese viejo estereotipo? ¿No vas a decir nada?* Pero por no querer sonar como una santurrona, me quedé callada.

En otra ocasión, durante unas vacaciones pude atestiguar que dos hermanos se estaban molestando en la playa. Su padre se enojó y apartó a uno de los hijos para ordenarle que se parara, y tan pronto como se paró, el hombre le ordenó que se sentara; luego, tan pronto como se sentó, el padre le ordenó que se pusiera de pie. El chico subió y bajó como un perro obediente hasta que empezó a llorar.

Por más de 15 minutos, el chico recibió estas órdenes. Todo el mundo alrededor observó la humillación, pero nadie hizo nada. Mientras el chico se iba sintiendo cada vez peor, su hermano empezó a aventarle arena y juguetes burlándose, ante lo cual el padre ni se inmutó.

Una voz en mi interior quiso gritarle al padre: *Detente, déjalo en paz*; aunque otra voz susurró: *Es su hijo, y el asunto no te incumbe.*

No hice nada.

Otra vez, en una cafetería de Cleveland, escuchaba a un grupo de mujeres hablando, en un momento dado una de ellas hizo un chiste netamente racista. Me quedé helada. Nadie del grupo se rio, pero tampoco hizo nada salvo cambiar rápido de tema.

Una mitad de mi voz interior se indignó: *¿Cómo puedes permitir que alguien utilice la intolerancia como humor? ¡Di algo!* Pero la otra reprimió: *No hagas una escena, ni siquiera la conoces, es suficiente con no reírte.* Escuché a la voz equivocada y no hice absolutamente nada.

Caminando por un estacionamiento después de un partido de futbol preuniversitario en Kent, pasamos al lado de un grupo de hombres en un auto que llevaba la palabra *Ford* desplegada en letras inmensas a lo largo y ancho de la ventana trasera. Mi amigo comentó en voz alta lo patanes que eran esos tipos. Minutos más tarde, los ocupantes se acercaron en su coche y lo injuriaron. Mi amigo se enojó, pero jamás reconoció que su comentario había provocado el incidente. Sin querer empeorar la situación, no abrí la boca.

Un sábado me dirigía con otra pareja a un festival local del Día de los Gemelos en Twinsburg, cuando un amigo se acercó en su Porsche y bromeó sobre las chicas a las que les echaría un vistazo en el festival. Él estaba interesado solo en una cosa y gráficamente expresó que su intención era encontrar un juego de senos gemelos y grandes, ja, ja. Una mujer en nuestro auto se puso furiosa por cómo el tipo había catalogado a las mujeres. Yo era la única otra mujer y aunque quise unirme a sus objeciones, guardé silencio.

Una noche, al salir de un restaurante en Cleveland para dirigirme al teatro, vi a una familia de cinco caminando hacia su auto. Repentinamente, el padre pateó a su hijo en la espalda y mientras el chico empezaba a llorar, quise aparecer de improviso y gritarle al hombre que se detuviera. Pero, ¿quién era yo para sermonear al padre? Podía ser peligroso, ¿qué tal si llevaba un arma? ¿Qué tal si lastimaba todavía más al niño cuando yo me fuera?

Aún puedo escuchar mi silencio, una y otra vez.

¿Tú puedes escuchar el tuyo?

Muchos de nosotros permanecemos callados. Hace años, escribí una pieza periodística de investigación sobre un adolescente en Rittman, Ohio, que fue arrestado por matar a su padre. Durante años, Will Snyder sufrió el abuso constante de su padre alcohólico, quien también sufría de una seria enfermedad mental que no había sido tratada. Entonces, la mañana del 21 de enero de 1996, el silencioso chico de diecisiete años que jamás se había metido en un lío, tomó un bate de beisbol y mató a su padre mientras dormía. Tan pronto como la noticia se difundió, un caudal de vecinos y amigos llamaron a la policía para defender al chico. Ellos le dijeron a los agentes sobre todas las veces que habían visto al niño con moretones.

Los vecinos llegaron a ver cómo le pegaba el padre a Will, a veces tan duro que el muchacho caía al suelo. Varios amigos habían visto al chico con algún ojo negro, golpes y llagas. Cuando la policía concluyó su investigación, 70 personas confirmaron que Will había sido azotado durante años por su papá. A Will lo condenaron por homicidio involuntario y el juez le dio cinco años de libertad condicional. Lo increíble es que nadie habló hasta que fue muy tarde.

Hay un famoso discurso para defender los derechos de otros, lo dio el Pastor Martin Niemöller durante el régimen nazi, sobre el fracaso de un grupo numeroso de alemanes. El discurso constituye un mensaje poderoso para todos:

Ellos vinieron primero por los comunistas, y yo no dije nada porque no soy comunista.

Después, ellos vinieron por los sindicalistas, y yo no dije nada porque no soy sindicalista.

Entonces, vinieron por los judíos, y yo no dije nada porque no soy judío.

Finalmente, vinieron por mí, y para ese momento, no quedaba nadie para defenderme.

¿Por qué no hablamos?

Es el miedo a estar equivocados, a hacer olas, a salir lastimados. Sin embargo, es nuestro silencio el que permite que otros continúen siendo heridos.

El reverendo Allan Boesak de Sudáfrica, quien luchó en contra del *apartheid*, una vez dijo que cuando estemos frente a Dios al final de nuestras vidas para ser juzgados, Él nos preguntará:

—¿Dónde están tus heridas?

—No tenemos heridas —diremos muchos de nosotros.

Entonces Dios preguntará:

—¿Es que no hubo nada por lo cual valiera la pena luchar?

LECCIÓN 17

Renace cada día.

La llamada entró un domingo por la noche, después de las 9:30. La mujer aclaró la garganta para dejar un mensaje breve en la contestadora del trabajo, como respuesta a una columna optimista que yo acababa de escribir:

> *Terminé de leer su artículo en el periódico dominical. Yo nací en la década de los 30, mi mamá no estaba casada, entonces me dio en adopción. Hubiera preferido que me abortaran, porque jamás he tenido una vida feliz. Estoy bastante segura de que mucha, mucha gente allá afuera se siente igual que yo.*

Eso fue todo, y colgó.

Escuché el mensaje unas cuantas veces para discernir si ella sonaba enojada o lastimada, o ambas. La mujer deseaba no haber nacido jamás, pues había vivido durante más de medio siglo y su vida nunca había sido feliz.

Ante tal declaración, me pregunté cómo medía ella la felicidad.

¿Sería que jamás había visto un glorioso atardecer esparciéndose por el horizonte? ¿O los cientos de estrellas en el fondo negro del cielo? ¿Jamás la habían besado apasionadamente?

¿Es que ella nunca bajó una colina en bicicleta, con el viento haciéndole volar el pelo? ¿Tampoco caminó por un arroyo y exprimió el lodo entre los dedos de sus pies? ¿Jamás hizo un ángel en la nieve, leyó una gran novela, ganó un juego?

¿Medía ella la felicidad en momentos o en años? Tenía que ser en años.

Quizás apiló todos los años y concluyó que su vida era infeliz.

Tal vez jamás superó el sentimiento de haber sido abandonada por su madre biológica. Quizá las personas que la adoptaron eran poco amables o la maltrataban, pero ninguno de nosotros —incluso aquellos que tuvimos padre y madre desde el principio— tenemos garantizado un amor incondicional y una felicidad absoluta. La vida no es así.

La vida es más emocionante que eso.

Paradójicamente, seríamos miserables si sintiéramos felicidad todo el tiempo, pues podríamos comparar la experiencia con la de tener un verano perpetuo que nos aburriría con su luz solar y sus cielos azules cada día del año. Es por esta razón que amo Ohio, pues gozamos de la gran mezcla de rayos y truenos, tormentas de nieve, olas de calor, hojas de otoño y guerritas de nieve.

Nadie tiene una vida ideal, pero si todos pudiéramos aventar la nuestra a una pila para hacer un intercambio, la mayoría de la gente volvería a tomar la suya. Yo agarraría la mía, con todos sus dolores, miedos y momentos desesperados. No querría otra cosa.

¿Realmente pensó ella que todo habría estado mejor de no haber existido? La mujer del recado deseaba no haber nacido jamás, lo que me hizo pensar en Jimmy Stewart en aquel puente de *¡Qué bello es vivir!*, listo para acabar con todo, y cómo ese ángel bobalicón llamado Clarence le mostró que el mundo lo iba a extrañar penosamente.

Quizás esta mujer no había hecho jamás algo tan dramático como salvarle la vida a alguien, pero seguramente ella ha tocado la vida de alguna persona en todos sus años en el planeta. Y si no lo ha hecho, podría empezar ahora.

Quise decirle que empezara de nuevo. Si tu dolor proviene de padres que no te amaron, acude a alguna forma de terapia. Divórciate de tu familia y crea una nueva, con amigos que te quieran. Haz trabajo voluntario en algún lugar para aliviar el dolor de alguien más.

Quise decirle que hablara con Dios, y si Él era un extraño o un ser amenazador que la juzgaba, podía hacerse de una imagen nueva de Dios.

Quise decirle que incluso aquellos que cuentan con dos padres que los aman intensamente y los protegen no tienen garantizada la felicidad. Nunca se cumplen todos los sueños, y si se cumplen, generalmente es después de las repetidas patadas de la vida.

Quise decirle que le devolviera las patadas a la vida. Si ella odiaba su trabajo, que consiguiera otro, o al menos una nueva actitud. Si se sentía aburrida con su casa, que reacomodara los muebles, pintara una pared o tumbara otra.

Quise decirle que reescribiera su vida, que la volviera a hacer desde el principio, que practicara el borrón y cuenta nueva todos los días. Se puede empezar con un lienzo en blanco en la mañana y pintar locamente cada día, sin preocupaciones, sin miedos.

Pero no pude decirle nada, porque la mujer no dejó nombre ni número telefónico, solo un poco de su miseria detrás y un mensaje importante: la felicidad es una elección. Algunas veces es una que no hago, pues me regodeo en la autocompasión, el miedo, el enojo o la tristeza. Cuando me encuentro en ese lugar, hago una pausa para preguntarme: *¿Quieres ser feliz?*

Algunas veces me sorprendo a mí misma, porque la respuesta es *no*. Pero cuando digo la palabra *no*, se me hace evidente que estoy eligiendo ser infeliz. Mi fiesta autocompasiva no dura mucho, porque sé que depende de mí el momento en que la fiesta termine. Algunas veces la concluyo yéndome temprano a la cama.

En la mañana tengo la oportunidad de volver a nacer, de parirme a mí misma. ¿Quién es incapaz de amar a un recién nacido? No hay juicios para un recién nacido, pues es perfecto tal cual es.

Mi amigo Don Cozzens, un sacerdote católico, alguna vez terminó un sermón con estas palabras: *No somos gente rota que pasa su vida remendándose a sí misma; somos gente completa que pasa su vida descubriéndolo.*

¿Por qué no descubrir tu totalidad cada día en el espejo? Reclama tu derecho de nacimiento, descubre la verdad en esos maravillosos versículos de Isaías: *Te he llamado por tu nombre. Contempla, te he grabado en las palmas de Mis manos.*

¿Qué es lo que ves cuando contemplas el espejo? Yo quiero ver lo que Jessica ve. Ella es la pequeña niña que se hizo famosa en un video de YouTube por encarar el espejo y hacer una serie de afirmaciones positivas.

En la *Afirmación Diaria* de Jessica, la chiquita de cinco años con cabello rubio ensortijado se monta "a caballo" en el mueble del baño con su piyama, y le da todo un discurso motivacional al espejo.

> *Toda mi casa es maravillosa, todo lo puedo hacer bien, me gusta mi escuela, quiero a mi papá, me caen bien mis primos y mis tías, amo a mi mamá, quiero a mis hermanas.*

Dándose vuelo y apretando sus puños, continúa: *Me gusta mi cabello y mi corte, también mi piyama. Amo mis cosas, me encanta mi cuarto. ¡Me gusta toda mi casa!* Después ella aplaude como si estuviera lista para enfrentar al mundo.

Toda mi casa es maravillosa, puedo hacer bien cualquier cosa. Y mientras dice eso, se baja del mueble del baño y pasa junto al escusadito entrenador y una tina llena de juguetes. *Sí, sí, sí, sí, sí. Puedo hacer bien cualquier cosa, ¡mejor que nadie!*

¿A quién no le gustaría sentirse tan bien cada mañana? Algunas personas podrían pensar que recitar afirmaciones es eso tan estúpido que Stuart Smalley, el personaje de Al Franken en *Saturday Night Live*, se dice a sí mismo: *Soy lo suficientemente bueno, lo suficientemente inteligente y, maldita sea, le caigo bien a la gente.* Sin embargo, la investigación demuestra que la felicidad es un trabajo interno. La Dra. Sonja Lyubomirsky, autora de *La ciencia de la felicidad*, estudia este sentimiento humano y su investigación muestra que las circunstancias de la vida son responsables del 10 por ciento de nuestra felicidad.

¿Solo el 10 por ciento?

Sí.

La genética es responsable del 50 por ciento, pero el resto depende de ti. ¿Qué pasaría si hicieras un esfuerzo del 100 por ciento con ese 40 por ciento?

Linda Wisler Luft, quien dirige la empresa de asesoría personal Fireball Coaching and Consulting, en Columbus, Ohio, solía sentirse atorada. Sin embargo, un susto relacionado con el cáncer la sacó del estancamiento en que se hallaba y, desde entonces, ha hecho una carrera ayudando a otras personas para que encuentren su pasión. Linda le pide a la gente que revise cómo ve actualmente su vida: *Si examinas tu panorama actual, puedes elegir lo que no quieres y lo que sí quieres en tu existencia.*

Ella alienta a las personas a establecer objetivos SMART* (por sus siglas en inglés): Específicos, Medibles, Alcanzables,

* N. de la T. Objetivos INTELIGENTES.

Realistas y Calendarizados. *Intenta visualizar cada objetivo como si ya lo hubieras alcanzado e imagínate dentro de veinte años. ¿Cómo quieres que se vea tu ser futuro? Después, lo único que tienes que hacer es parirlo, cada día.*

Todas las mañanas obsérvate en el espejo y afirma el milagro que eres en este momento, justo así como eres, y después entrégate a tu día y observa lo que sucede.

LECCIÓN 18

El secreto de la vida no es ningún secreto.

¿Cuál es el secreto de la vida? ¿Qué se necesita para ser feliz?

¿Obtener un aumento de sueldo?

Noooo.

¿Retirarte con ahorros enormes?

Segundo *strike*.

¿Ganar la lotería y mudarte a la mansión de tus sueños?

Fuera.

Parece que año con año los expertos concluyen que tener más dinero no te hace más feliz. Por supuesto que nadie quiere ser pobre, pero una vez que las necesidades básicas de comida, casa y educación son satisfechas, el dinero adicional no compra la felicidad.

¿La conclusión? El tamaño cuenta —quiero decir, el del salario—, pero no tanto como supones, de acuerdo con los investigadores de la felicidad. Sí, realmente hay economistas y psicólogos a los que les pagan por estudiar este sentimiento humano (seguramente, ellos son bastante felices).

La felicidad es un tema candente. Una investigación publicada en la revista *Science* mostró que la gente con un mayor salario no reportaba ser más feliz, y sí un mayor grado de ansiedad y enojo. Otro artículo que leí decía que tener hijos, estar jubilado o poseer una mascota no son factores que determinen la felicidad. El artículo no decía qué pasaba si en tu vida contabas con los tres.

Los expertos llegaron a la conclusión de que la actitud moldea la vida, y no a la inversa. Aunque no puedes controlar lo que te sucede, sí puedes controlar tu reacción ante lo que te sucede.

¿Cuál es el secreto de la vida? De acuerdo con la película *Cowboys de ciudad*, radica en una cosa. ¿Pero cuál es? Tú tienes que descubrirlo. En la película, tres hombres de mediana edad andan en busca de su sonrisa; finalmente, aprenden que el secreto de la vida consiste en algo, pero jamás te dicen qué es, pues tú debes averiguarlo por ti mismo.

¿Cómo encuentras ese elemento?

Los eruditos en el tema ofrecen estos consejos para atrapar la felicidad: elige el tiempo sobre el dinero, medita y reza, reconcíliate con el pasado, pasa más tiempo socializando con amigos, captura el día, el momento, las Oreo (está bien, lo de las galletas es consejo mío).

La gente solía acudir a autoridades espirituales para obtener la respuesta. Últimamente, acuden a los llamados *coaches* de vida. Para mí, quienes tienen la razón son los monjes que dicen que el secreto es encontrar a Dios en el momento presente. Si haces eso, descubrirás que el secreto de la vida no es ningún secreto:

Se trata de un overol bombacho, de los poemas de Mary Oliver y Billy Collins, de la música de Louis Armstrong, de los chocolates Godiva.

Radica en escuchar con ambos oídos, pedirle a alguien que baile contigo, manejar con el toldo del convertible abajo, amar el reflejo en el espejo. Se trata de esperar despierto a que regresen tus padres, darle a alguien una oportunidad, no contar los *strikes* ni las faltas, acomodarte en el lado fresco de la almohada, tener rímel a prueba de agua.

El secreto de la vida es saber que nadie sale vivo de aquí, amar cada minuto, cargar con un repuesto, revisar el aceite, usar tela de algodón, saber cuándo dejar ir, sostener en los brazos a un recién nacido, reírte cuando estás contento, llorar cuando estás triste, hacerte a un lado, dejar notas en una lonchera, atreverte a ser distinto.

No lamentarte, amar a Dios a pesar de todo, hacer las paces con los dientes de león, tener amigos que son expertos con las computadoras, cobrar menos de lo esperado, amar a un niño, hacerle un cumplido a tu jefe, sonreírles a los clientes, enseñarle a alguien a deletrear, hacer galletas.

Llegar con flores, leer las tiras cómicas, irte de pinta, empezar la comida con el postre, ponerte ropa interior roja, encender las velas que has guardado para un momento especial, jamás crecer, jamás envejecer, bailar, tener un columpio crujiente en la entrada de tu casa, ver las caricaturas del periódico.

El secreto de la vida consiste en olvidar por qué estabas enojado, brindar por los recién casados, defender tus ideales, rezar por otros, jugar con un bebé a esconder tu rostro, darle la vuelta al colchón, contratar a alguien que te ayude con la casa, usar zapatos cómodos, saber el nombre del cartero, darle el paso al coche que se te quiere meter, cantar villancicos en julio, salir a caminar sin rumbo, ver bailar a Gene Kelly y Fred Astaire.

Prepararte una malteada de chocolate espesa, asistir a reuniones de los doce pasos, tomar café descafeinado después de las 8 de la noche, ir de paseo al mar, montarte en el carrusel, tener un traje de baño con el cual te puedas inclinar, usar bloqueador solar del 30, contar con un par de guantes calientes, ir a terapia de grupo, sumergirte en un baño de burbujas iluminado con velas, arroparte con piyamas de franela, comprar un paquete de 64 crayones, cantar una canción en tu interior.

Obedecer el límite de velocidad, devolver lo que pediste prestado, podar tus manzanos, dejar propinas generosas, pagar las cuentas a tiempo, no hacer enojar a las abejas, honrar tus votos matrimoniales, realizar saltos mortales en tu jardín, darle gracias a un maestro, hincarte a rezar, ser persistente, pedir comida a domicilio, dejar que tus empleados se vayan temprano.

El secreto de la vida es rodarse por las colinas, hacer guerritas de pasto, cantar bajo la lluvia, recibir cartas reales escritas en letra cursiva, saber dónde se encuentran los nidos de los pájaros, dejar a las telarañas en paz, formular preguntas tontas, pedir un deseo cuando vemos una estrella fugaz, jamás irte a la cama enojado, solicitar ayuda.

El secreto de la vida radica en dar un beso de pestañas, ver películas de Winnie Pooh, cantar a la luz de una fogata, abrir los quemacocos, ir al campo, comprarte calcetines, subirte a las llantas que sirven de columpio, salir al recreo, comer un plato de cereal antes de dormir, ver los fuegos artificiales, tener una buena novela en tu buró, ir al cine, pronunciar la Oración de la Serenidad, tener a alguien en quién confiar, morder un durazno grande y jugoso, contemplar un osito de peluche que solo tiene un ojo.

La felicidad está en confesarle a alguien que lo amas, decir la verdad, darles dulces a los niños que piden Halloween, leer a los clásicos, enmarcar tus fotografías, perdonar todas las deudas, llevar una cámara en tu bolsa, hacer espantapájaros, utilizar palabras que todos puedan entender, revisar las baterías, no tener que estar en lo correcto, admitir cuando estás equivocado.

Dar paseos largos por el bosque, montar a caballo mientras llueve, disfrutar los días de nieve, lanzarte a cantar en un karaoke, comprarte zapatos, ver fotos viejas, darle una mordida a una manzana enorme y crujiente, pasear en una carreta, jugar juegos de la infancia.

Sentirte feliz por la persona que gana, tocar el claxon, defender a tu mejor amigo, llamar para decir *¡hola!*, escribir una carta que empieza lentamente y acaba con una longitud de cinco páginas, cruzar al otro estado, quedarte toda la noche despierta platicando con tu mamá, tratar de no reírte cuando te metes en un lío.

Tener un par de jeans que te queden perfectamente, comer chocolate derretido, disfrutar del amor de un abuelo, sentir las descargas de adrenalina, contemplar la primera lluvia del año, gozar de las reuniones familiares, leer el Salmo 23, darle un beso de esquimal a un niño de tres años, comer queso fundido y sopa de jitomate durante un día frío, acariciar a un cachorrito, hacer ángeles de nieve, oler el aroma fresco de unos tenis nuevos, atesorar la sonrisa en el rostro de alguien cuando haces algo inesperado.

Jugar a identificar placas automovilísticas de distintos estados, ver películas viejas, sentarte en el pórtico durante una tormenta, caminar descalzo en el pasto después de la lluvia de verano, intentar algo nuevo, no hacer nada durante todo un día, formar rostros con las calabazas, tratar a la gente con respeto, saber las consecuencias antes de actuar, llamar al trabajo para decir que estás enfermo.

El secreto de la vida es saber que tú eres el que haces realidad las cosas, seguir tu corazón, tener fe en ti mismo, ser libre para hacer lo que quieras cuando quieras, recordar quién eres y de dónde vienes.

El secreto de la vida no es ningún secreto, pues se esparce por todos lados. Es celebrar lo que ya es, justo aquí y ahora, en todos lados a tu alrededor.

LECCIÓN 19

Si no puedes ser la roca, sé el pequeño murmullo que produce la ola en el agua.

Majok Thiik Madut escapó de la guerra civil de Sudán, huyó de las balas de los grupos guerrilleros, atravesó los embravecidos ríos de cocodrilos, sobrevivió a los leones y las hienas, al sol calcinante y la arena abrasadora mientras caminaba kilómetros de desierto para encontrar su seguridad en Estados Unidos, paradójicamente, para morir en una parada de autobús en Cleveland, Ohio.

Él y los otros Niños Perdidos de Sudán salieron de su tierra natal en forma casi bíblica, huérfanos, sin casa, sin ninguna posesión más que su vínculo con los del grupo. Juntos aguantaron años en campos de refugiados en Kenia, sin familia ni lugar al cual llamar *hogar*.

Los Niños Perdidos perdieron la cuenta del número de personas a las que vieron morir, así como el rastro de sus familias, mientras todos huían en medio del caos. Ellos no saben por qué ni cómo sobrevivieron cuando tantos otros no lograron hacerlo.

Alrededor de treinta de los Niños Perdidos llegaron a Cleveland a vivir el Sueño Americano. Arribaron por medio de un programa de reubicación del Departamento de Estado, en el año 2001. Al aterrizar, vieron algo blanco que cubría todo.

Qué trigo tan extraño, pensó uno de los Niños Perdidos hasta que tomó un puñado que se derritió entre sus manos. Ellos jamás habían visto la nieve.

Un trabajador social les consiguió a los Niños Perdidos rentas baratas y trabajos de poca importancia, y después los dejó ir. Los Niños Perdidos no tenían a nadie que los ayudara a entender su mundo nuevo y llegaron a confundir un refrigerador con un clóset; un elevador con un cuarto. Los jóvenes aprendieron inglés escuchando a las personas, repitiendo sus palabras, y dependían de la amabilidad de un puñado de extraños. Unos cuantos encontraron voluntarios que les daban aventones, que les enseñaron a utilizar una computadora, a terminar la preparatoria. Pero en su mayoría, los niños permanecieron desorientados hasta que perdieron a uno de los suyos para siempre.

Dos semanas antes de Navidad, en el año 2006, a Majok Madut le dispararon mientras esperaba un autobús. Él tenía 26 años, pero parecía un chiquillo. Majok había pedido galletas para su cumpleaños.

En el funeral, los Niños Perdidos llevaban trajes que les quedaban enormes y colgaban sobre los zapatos de vestir prestados que arrastraban al caminar junto al ataúd plateado. Ellos ayudaron al sacerdote a desplegar una tela blanca encima del féretro, y después la alisaron lenta y gentilmente, como si fuera una sábana que le permitiría descansar a Majok. Los hombres altos y delgados contuvieron las lágrimas detrás de las mejillas cinceladas.

El Reverendo Bob Begin pidió perdón por el fracaso de la comunidad.

—No construimos una ciudad más pacífica para que ustedes vivieran —les dijo a los Niños Perdidos—. Les suplicamos que no se vayan, les suplicamos que se queden.

Los hermanos de Majok lo arrullaron con su canto, un canto bajo y profundo que ascendía y descendía como una ola, como el canto de monjes sagrados. Después, la congregación elevó la canción "Be not Afraid" (No temas). Las palabras eran mucho más significativas en este momento: *Cruzarás el desierto árido, pero no morirás de sed. Irás lejos y encontrarás la seguridad, aunque no conozcas el camino...*

En el cementerio Calvary, ellos hicieron descender su cuerpo hacia tierra estadounidense, plantándolo en un lugar que todavía no se sentía como su casa. En dinka (su idioma), cantaron "Al lugar del que vienes, ahora regresas", y le pidieron a Dios que acogiera a Majok.

Tras el funeral, se reunieron para comer en el vestíbulo de la iglesia, con los rostros mojados de lágrimas. Los otros asistentes se preguntaron qué podrían hacer a continuación, cómo podrían ayudar al resto de los Niños Perdidos.

Los jóvenes de Sudán me dijeron que deseaban trabajos que pudieran cubrir la renta y la colegiatura universitaria.

—Trabajamos duro —afirmó Akol Madut—. No tengo a mi madre y no tengo a mi padre. El trabajo es mi padre y mi madre.

Amiol Arop estaba asustado:

—Si alguien nos guía, podemos hacerlo —dijo—. Estamos calificados, pero no es fácil y nos preocupa cómo vamos a sobrevivir.

Aleu Athuai pronunció:

—Estamos confundidos, y no sabemos qué hacer.

Poco después de la muerte de Majok, una monja católica que había intentado ayudar a los niños tuvo una extraña sensación de que algo bueno iba a suceder gracias al joven que había partido. La hermana Mary Frances Harrington, de St. Joseph, les dijo que de alguna manera Majok iba a darles un maravilloso regalo. Ella era capaz de ver lo sagrado en medio del horror.

La monja no dejó ir esa chispa, y con el tiempo, cientos de voluntarios la hicieron crecer hasta formar una gran llama. Todo cambió para los Niños Perdidos cuando un maestro de historia hizo equipo con la monja y decidieron convertirse en la roca de los jóvenes sudaneses.

Un mes después de la muerte de Majok, Tim Evans, maestro de historia en la preparatoria San Ignacio, invitó a asistir a una reunión a quienes estuvieran interesados. Se presentaron más de 150 personas; había hombres de traje, adolescentes con sudaderas, madres cargando a sus bebés, pequeñas niñas con trenzas, monjas mayores con sonrisas beatíficas. El río de humanidad fluyó hacia la biblioteca donde Tim coordina programas de justicia social y se practica el lema de los jesuitas *Para mayor gloria de Dios*, y donde los estudiantes aprenden a *ser hombres para los demás*.

Tim no permitió que los Niños Perdidos asistieran a la reunión, pues temía que volvieran a perder la esperanza si la gente no hacía nada.

—Este es nuestro momento, este es su momento —Tim le dijo a la multitud—. Trabajemos por el mayor bien de estas personas.

Un corpulento policía de Cleveland estrechó la mano diminuta de una monja. Él quería enseñarles a los Niños Perdidos a moverse en la calle y a entender las leyes estadounidenses. Una mujer que vendía bienes raíces pensó en transformar un edificio para darles vivienda; un abogado ofreció su ayuda para cuestiones legales.

Algunas personas decidieron ser la roca; otras, la pequeña ola que se produce en el agua. Algunas hicieron grandes cosas; otras, pequeñas. Una comunidad se formó alrededor de los hombres y cientos asistieron a fiestas en las que cada quien llevaba algo de comer, a noches de juego y a reuniones. Un ejército de voluntarios se ofreció a escribir currículums y cartas de presentación, así como a darles aventón a los jóvenes a sus entrevistas de trabajo. Algunos mentores les enseñaron a conducir, a utilizar computadoras, a hablar inglés. Los voluntarios encontraron trabajos y departamentos para los niños y recaudaron 93 mil dólares para ayudarles a pagar la universidad, la ciudadanía y las necesidades básicas.

El efecto dominó se hizo sentir. Dimple Dough Inc. lanzó un sitio en la red para ellos en www.sudlbc.org, Whole Foods contrató a doce de ellos y la preparatoria San Ignacio ofreció asesores y voluntarios. Los jóvenes se volvieron ciudadanos americanos y salieron en pos de carreras y grados universitarios; finalmente, encontraron esposas y formaron familias.

Una iglesia recaudó dinero para traer a la madre de uno de los Niños Perdidos a Estados Unidos. Cuando el gobierno le negó los documentos de viaje, la iglesia le ayudó a viajar de Sudán a Kenia para poder llamarle a su hijo, David. Habían pasado 20 años desde la última vez que había escuchado su voz.

Amiol Arop se inscribió en la universidad comunitaria para convertirse en maestro de matemáticas.

—Me voy a quedar aquí —dijo—. Me siento como en casa; es una buena ciudad.

Malong Mabior pasó sus exámenes de preparatoria y se inscribió también en la universidad comunitaria para estudiar contabilidad. Él empezó un proyecto llamado Isaac's Wells para que la gente de Sudán no tuviera que caminar kilómetros con la finalidad de conseguir agua potable.

Peter Dek se convirtió en piloto para poder trabajar en la Agencia de la ONU para los Refugiados.

Akol Madut publicó el libro de su vida llamado *Sleeping with the Sun in His Eyes: A Lost Boy at Home in the World* (Duerme con el sol en sus ojos: Un Niño Perdido encuentra su hogar en el mundo).

Con el tiempo, estos hombres se convirtieron en una roca para otros, enviando olas de esperanza.

La lápida en la tumba de Majok resume la historia de su corta vida; el epitafio iba a terminar con las palabras *Niño Perdido de Sudán*, pero los jóvenes sabían que Majok ya no estaba extraviado, y tampoco ellos. Insistieron en que se agregara una línea más. Su lápida ahora dice:

AMADO HIJO Y HERMANO
MAJOK THIIK MADUT
NIÑO PERDIDO DE SUDÁN
ENCONTRADO POR DIOS

LECCIÓN 20

Sé generoso con el mundo porque es tu familia.

Todos tenemos alguna historia sobre la generosidad fallida.

Una tarde de invierno, un niño tocó nuestro timbre a la hora de la cena, ofreciendo limpiar la nieve del camino por 5 dólares. Jamás había visto al niño antes y le pregunté si vivía por ahí. Él no pertenecía al vecindario, pero quería ganar un poco de dinero. Le dije que podía empezar, y al hacerlo, noté que no llevaba guantes en un clima de menos 6 grados Celsius.

Cuando el niño empezó a palear la nieve, le lancé un grito a mi esposo, quien se encontraba en el piso de arriba:

—El niño que quiere limpiar el camino no tiene guantes. ¿Puedo darle un par que no uses?

—Claro, pero no vayas a darle el par bueno de cuero —mi esposo respondió gritando.

—¿Qué tal los rojos con negro? —dije a toda voz, sosteniendo un grueso par de guantes para esquiar.

—Está bien —volvió a gritar, sin escucharme realmente.

Le di el par de guantes al niño, y más tarde mi esposo me preguntó cuáles había regalado. Al describírselos, se encogió de horror.

—¿Quieres decir que le diste mi par bueno de cuero?

Uuups.

La sensación de malestar se me quitó una hora después,

cuando fuimos a dar un paseo en auto y vimos al niño, aún paleando las entradas, pero con las manos calientes.

Hay momentos en que no es tan claro cuándo dar. Casi todas las personas que conozco han sido estafadas por alguien que pide 5 dólares diciendo que su auto se averió. Jamás hay un carro a la vista, y una vez que la persona tiene el dinero, continúa pidiéndoles a otros los mismos 5 dólares.

Así que, ¿cómo saber cuándo y cómo ayudar a la gente? ¿Cuál es la mejor forma de dar?

Alguna vez escribí un artículo sobre una mujer que debía enfrentar una orden de desalojo. Los lectores enviaron miles de dólares, más de lo suficiente para pagar su renta atrasada, pero les tuve que decir a las siguientes diez personas que me llamaron pidiendo ayuda que no podía contar sus tristes historias, pues eran demasiadas.

Todos hemos sido bombardeados por plegarias de ayuda. ¿Debes dar local o globalmente? ¿Debes ser generoso con los pobres en Sudáfrica o con los que están a la vuelta de tu casa? ¿Con los miembros de tu familia que se encuentran en un mal momento o con completos extraños?

Después de regalar los guantes de mi esposo, él me dio todo un sermón sobre Maimónides. Este gran filósofo judío de la Edad Media hizo una lista de los ocho niveles de la generosidad, que conducían a la forma más elevada de la caridad.

El nivel más bajo consiste en dar, aunque sea a regañadientes; un nivel mayor al anterior gira en torno a dar menos de lo que se debería, pero de buen grado y con una sonrisa. Un nivel todavía mayor te invita a darle algo a una persona pobre, después de que te lo pida. El siguiente nivel propone darle a la persona pobre directamente en la mano, pero antes de que te lo pida. Otro nivel consiste en dar cuando no conoces al receptor, aunque el pobre conozca al benefactor. A continuación, debes dar de manera anónima, para que el receptor no sepa quién es el benefactor. Luego, dar cuando el que da y el que recibe permanecen anónimos. En el mayor nivel se trata de dar tiempo, educación o dinero para que el receptor se vuelva autosuficiente. Este nivel sigue el viejo precepto: *Enséñale al hombre a pescar, para que pueda comer de por vida.*

Así que quizás haber regalado los guantes no fue tan mala idea, si tan solo hubieran sido míos.

Mi amiga Susan le mostró a su sobrino lo que es la generosidad, al haberle obsequiado 100 dólares en Navidad. La mitad era para él; la otra debía entregarla. Algunas iglesias entregan billetes de cien dólares a la gente para que encuentren formas creativas de dar.

Un domingo, el Padre Charlie Diedrick de la Iglesia Católica de San Bernabé en Northfield, Ohio, entregó 10 mil dólares a la concurrencia. No se trataba del dinero de la iglesia, sino que provenía de uno de sus feligreses que había leído *The Kingdom Assignment* (La misión del Reino), un libro escrito por una pareja californiana que entregó billetes de 100 dólares a 100 personas. La pareja decía que era dinero de Dios y le pedía a la gente que lo invirtiera en el Reino.

El Padre Charlie no estaba seguro de lo que pasaría si le encomendaba a su congregación una misión divina. ¿Habría alguien que aceptaría? Aquel domingo, se metió un fajo de billetes de cien dólares en su bolsillo y lo descubrió.

—Si el pastor se acerca al púlpito con unos cuantos billetes en la mano, es normal que ustedes imaginen que el sermón abordará el tema del dinero —les dijo—. Bueno, pues esto hoy tiene un giro ligeramente distinto.

Él ondeó los billetes en el aire y les pidió a todos que, con lo que recibieran, hicieran algo creativo por Dios. Los niños tiraron de los abrigos de los papás y les pidieron que aceptaran el desafío. Las madres, a pesar de su cansancio, se sintieron inspiradas. Tanta gente alzó la mano que el Padre Charlie se quedó sin dinero. Cuando una familia expresó su desilusión por haberse quedado fuera, el hombre que estaba detrás de ella sacó un billete de cien dólares y se lo dio. Otra persona que había venido de Georgia para un bautizo, hizo un cheque por la misma cantidad.

El Padre Charlie terminó dando 12 mil dólares aquel día; la respuesta de todos fue sumamente positiva, y los feligreses se reunieron semanas más tarde para informar cuál había sido el destino del dinero.

Una familia compró bolsas de lona, abrigos, cobijas, sombreros y guantes; además, hizo sándwiches de mortadela y condujo hasta el centro de Cleveland para darles un regalo a cinco personas sin hogar.

Otra familia hizo una rifa para un festín italiano que se serviría en su casa con un cupo de ocho personas, recaudando así más de 2 mil dólares para un niño de la localidad que se recuperaba de un accidente.

Otra mujer reunió 1,700 dólares para un orfanato, y otra más convirtió sus cien dólares en suficiente dinero para cubrir seis operaciones para niños con paladar hendido.

Una tropa de niñas scouts pudo reunir 4 mil dólares para un chico que cuidaba de su padre enfermo, y para una abuela que tenía a su cargo cinco nietos.

Otra niña donó su dinero para comprarles la cena del Día de Acción de Gracias a 55 personas sin casa. Y una niña más recaudó 1,400 dólares para la Fundación Pide un Deseo.

Una mujer envió su dinero a un hombre en prisión, quien a su vez lo dividió entre cinco convictos que no tenían familias que les llevaran artículos personales.

Otra mujer más compró velas etiquetadas con palabras como

Esperanza, *Paz* y *Amor*, y las dio de manera anónima con estampitas de santos. Otra, a quien le habían diagnosticado cáncer de mama cuatro días después de haber tomado el dinero, dijo que la misión la ayudó a concentrarse en las tribulaciones de alguien más. Ella recaudó 350 dólares en certificados de regalos para una mamá soltera que tenía un hijo de nueve años. Una familia más de feligreses llenó su camioneta con pañales, comida y ropa y los llevó a un albergue para niños.

Aunque gastaron el dinero de manera distinta, todos estuvieron de acuerdo en una cosa: obtuvieron más de lo que dieron.

—¿Conocen esa miradita de los hijos en la mañana de Navidad? —preguntó un hombre—. La vimos en los niños a quienes les dimos regalos.

A pesar de lo generosos que fueron todos ellos, cuando yo pienso en el acto de dar, se me viene a la mente un niño llamado Chance Riley. Su madre nombró al último de sus cinco hijos Chance porque era su última oportunidad de tener una niña.

Chance, quien tenía 17 años y era alumno de la preparatoria Wadsworth, estaba trasquilando ovejas en una feria del condado en Medina, Ohio, cuando escuchó una explosión. Una antigua máquina de vapor que estaba a unos 200 metros estalló, matando a cinco personas e hiriendo a docenas. Chance se unió a la brigada de niños, llenando cubetas con agua para limpiar a los heridos.

Chance había ido a la feria para ganar el premio que ofrecían por el cerdo más grande. Dos días después de la explosión, él mostró al animal que había estado criando durante todo el año, y en el que había invertido 350 dólares, alimentado mañana y noche y sacado a pasear cuatro veces al día. Una vez que ganó, el adolescente les dio el dinero del premio —los 4,180 dólares— a las víctimas, aunque no conocía a ninguna de ellas.

Él pudo haberse comprado un auto, una moto o una computadora. Quizá todos los cedés que había deseado en la vida; pudo haber dejado sin ropa a Gap para adquirir una nueva indumentaria; pudo haber cubierto algunos de los futuros gastos universitarios.

Chance no lo pensó dos veces, jamás pensó en dar solo una porción de su premio.

—Era lo que había que hacer, lo obvio —me dijo—. Todos somos una gran familia.

Y tiene toda la razón.

LECCIÓN 21

Todos somos alumnos y maestros de los demás.

Un joven de unos 21 años, parado en la esquina, hablaba consigo mismo y a los coches que pasaban, mientras agitaba frenéticamente los brazos en círculos arriba de su cabeza.

La primera vez que lo vi durante mi caminata matutina por el vecindario casi desvío mi camino para evitarlo. ¿Estaría loco? Después me acerqué lo suficiente para ver que era un niño atrapado en el cuerpo de un hombre. Tenía entre las manos un camión volador, al que le había adherido dos pedazos de plato de papel a manera de alas.

Al principio, sentí una mezcla de piedad y tristeza hacia él y sus padres, por el hecho de que jamás manejaría un auto, ni iría a la universidad, ni se casaría. Luego me descubrí caminando por su calle, solo para atisbar el gozo puro que exudaba, únicamente para echarle un vistazo al niño que podía hacer que los camiones volaran. Jamás supe su nombre ni su edad ni conocí a sus padres. Su hogar era el que estaba marcado por el convoy de camiones de juguete maltratados que se estacionaban en el umbral de la puerta; juguetes que debían ser superados con la edad, pero en este caso nunca lo serían.

Un día pasó a toda velocidad en su bici junto a mí y gritó por encima de los relámpagos distantes:

—Mejor vete a casa porque va a llover y llover.

Otro día estaba lanzando hacia él mismo un balón de americano en el patio, y me advirtió que si juegas sin casco y te pegan duro puedes terminar con lesión cerebral. Yo me pregunté cómo habría terminado dañado su cerebro.

¿Estaba dañado? Él se reía más fuerte, sonreía con mayor amplitud y jugaba de manera más intensa que ninguna otra persona alrededor.

Pensé en toda la gente como él con la que me he encontrado, individuos que, yo pensaba, nos necesitaban a nosotros, pasando por alto que quizá nosotros tengamos más necesidad de ellos.

Dorothy y Al Petzker tienen siete niños, y dos de ellos tienen discapacidad mental. Escribí una columna sobre Teresa, cuando compitió en patinaje sobre hielo en las Olimpiadas Especiales. Esos atletas me enseñaron sobre el amor incondicional, sobre la pureza del corazón.

—Son humildes —dijo Dorothy—. No discriminan, pues todo el mundo es igual para ellos. Hay algunas cosas que ella no puede hacer, pero hay muchas que sí. Y hay algunas cosas que ella puede hacer mejor que tú y yo. Todos tenemos ciertos retrasos en algunas áreas.

David Spurlock tiene síndrome de Down; sin embargo, ha transformado a la tropa de los Boy Scouts. En su primera reunión con la tropa 321 en Hudson, Ohio, el bullicioso chico de 12 años, con poca capacidad de atención, corría por todos lados pegándoles a los otros niños y enfrentándose con ellos. Los chicos no podían entender su lenguaje y se sentían asustados, pero David terminó enseñándole a la tropa 321 tanto como la tropa le enseñó a él.

El grupo le dio lecciones sobre los distintos tipos de nudos: de rizo, ballestrinque y as de guía. Él, a su vez, les enseñó a tomarse el tiempo para escuchar realmente. Ellos le dieron lecciones sobre cómo tensar una tienda de campaña, administrar resucitación cardiopulmonar y pronunciar el Juramento de Lealtad. Él los instruyó sobre la humildad, la paciencia y la determinación. Ellos lo adiestraron para no extraviarse en el bosque sin una brújula. Él les enseñó cómo no extraviarse en la vida y no permitir que las limitaciones los detengan.

Cada vez que David avanzaba al siguiente nivel, toda la tropa celebraba; y cuando cumplió 18, se convirtió en Scout Águila, el más alto rango que los Boy Scouts pueden lograr. Solo 2 por ciento de los Boy Scouts estadounidenses logran el rango de Águila.

El Dr. Steve Lawrence, líder del grupo de scouts de David, dijo:

—No sé si David obtuvo tantos beneficios del grupo de scouts como obtuvieron los otros chicos por el hecho de que David anduviera por ahí. Todos nos sentimos enriquecidos por tener a David en esa tropa.

Los estudiantes del campus que conocieron a Sarah, una niñita de seis años, se sentían de la misma manera. Sarah prácticamente vivía en la cafetería Brady's cerca de la Universidad Estatal de Kent. Sus discapacidades ayudaron a cada uno de los estudiantes universitarios a sentirse más en casa en el mundo.

La mamá de Sarah, Bonny Graham, era dueña de la popular cafetería y Sarah era su corazón. Sarah creció en Brady's. Cuando apenas tenía dos semanas de nacida, ella colgaba de una cangurera en la panza de su madre, y más tarde se sentaba en el doblez del brazo de Bonny, mientras ella servía café con el otro.

Una pila de juguetes en la esquina del restaurante pertenecía a Sarah, como también los crayones esparcidos por ahí. Ella solía montar su carrito por el piso de madera, chocando con las mesas y las sillas; era discípula de Barney, el dinosaurio morado. Solía tomar el micrófono y salir a escena para cantar a los estudiantes universitarios "Te quiero yo y tú a mí, somos una familia feliz". Si ellos no aplaudían, la pequeña lo hacía. Los estudiantes le enseñaron cómo acomodar un tablero de ajedrez, le pintaron las uñas de negro y un muchacho rapado llamado Lance le llegó a hacer un peinado *punk*.

Sarah desconocía lo que era un extraño. Aprendió el lenguaje de señas en un libro de Plaza Sésamo para poder comunicarse con un niño sordo que esperaba en Brady's mientras pasaba el autobús. También se sentaba con viejos cascarrabias y les preguntaba su nombre, aunque lo supiera.

La pequeña barría el piso, lavaba los platos y se encaramaba en las cajas de leche para alcanzar las tazas de café para los visitantes frecuentes. Nadie estaba seguro de la edad de Sarah, la chiquita de seis años, pues ella jamás creció más allá de una niña de cuatro. Tenía un retraso de crecimiento, problemas cardiacos y asistía a una escuela especial.

Un día, preparándose para ir a la escuela, su corazón falló; Sarah murió en brazos de su madre.

Al día siguiente la cafetería se llenó de gente que lamentaba la muerte de la pequeña. Las personas hablaban de cuánto extrañarían escuchar a la pequeña cantar "Are you special, special? Everyone is special in their own way" (¿Eres especial, especial? Todos somos especiales a nuestro modo).

Su mamá llevaba la nota anónima que alguien le había escrito a Sarah antes de morir:

No sé cuántos años tienes ni cómo escribir tu nombre... ni nada de ti, excepto esto: casi siempre que vengo tú has dejado tu huella. Si no es la mesa con los crayones, libros para colorear y papeles recortados, entonces es el tractor verde inmóvil en el pasillo, esperando que tú salgas al ataque y lo lleves a pasear. Cada vez que me siento a estudiar, tu pequeña y dulce voz puede oírse, generalmente riendo. He escuchado tu nombre miles de veces, cuando te llama tu mamá, y he visto que te metes en líos cuando un cliente quiere un poco de tranquilidad. Yo no. Cada vez que llegas a mí, te pregunto tu nombre y tú me preguntas el mío. Te he leído al Dr. Seuss, y jamás olvidaré cómo reías con cada página de El gato en el sombrero. *Me he asombrado al ver cómo tus pequeñas y frágiles piernas te hacen subir y bajar las escaleras de Brady's tantas veces sin caer. Espero que tengas una vida feliz, pues has hecho sonreír a mucha gente.*

Bonny iba a guardar esta nota para dársela a Sarah cuando cumpliera 18; en vez de ello, hizo copias para todos los que lamentaron su muerte, los estudiantes de Sarah.

LECCIÓN 22

Reza con intención.

Unos cuantos días después de descubrir una bolita en mi pecho, fui al médico esperando me dijera que no tenía nada de qué preocuparme. La doctora presionó sus dedos ahí y dijo:

—Sí, tienes una bolita.

Ella hizo una cita para una mamografía al día siguiente, pero no parecía muy preocupada. Yo no me sentí inquieta hasta que una enfermera en el pasillo me dijo adiós y agregó:

—Rezaré por ti.

¿Rezar por mí?

¡Caramba! Ahí me percaté de que quizá realmente tenía cáncer. Llegué al auto y me puse a llorar. No podía ser un tumor, uno verdadero, sobre los que uno lee. Me imaginé lo peor: perder mi cabello, mi pecho, mi vida. Abandonar a mi hija, a mis hijastros, a mi esposo. Me contemplé en el espejo retrovisor y jalé mi cabello hacia atrás. No, no podía estar al borde del cáncer. Calva me vería espantosa.

Sentada dentro del auto apagado, en cinco minutos pasé de la idea de no tener nada a la de morir. Durante las siguientes dos semanas mi corazón latió demasiado rápido, mis pies golpeteaban el suelo nerviosamente, mis manos temblaban tanto que se me caían las cosas. Me aferré a la fe de mi infancia católica, rezando rosarios y salmos. Las oraciones tenían un efecto como de 24 horas, pero después expiraban y todo lo que escuchaba era el bombeo de mi corazón.

¿Cómo rezas en un momento así? Yo quería pronunciar la plegaria correcta de los tumores desaparecidos. ¿Debía pensar positivamente que no era cáncer? ¿O confiar en Dios por completo a pesar del resultado? Tenía tanto miedo de orar erróneamente, y no dudaba para nada en Su poder para curarme, ¿pero lo usaría?; finalmente, opté por las palabras *Hágase Tu voluntad*. En el Huerto de los Olivos, Jesús pronunció estas palabras la noche antes de su muerte: *Padre Mío, si es posible no me hagas beber este trago amargo, pero no sea como yo quiero, sino como quieras Tú*. Enfaticé la parte de *no me hagas pasar este trago amargo* para asegurarme de que Dios supiera absolutamente que yo no quería el cáncer. Cuando oré de esa manera, sentí una paz profunda, incluso después de descubrir que, en efecto, tenía cáncer.

En la víspera de esa primera quimioterapia, mi plan era aceptar toda la experiencia como un desafío espiritual. Hubiera deseado evitar el trago amargo, pero no había resultado así.

El lema del departamento de oncología parece ser *Te pasamos por un infierno para que llegues al invierno*. Todo mi cuerpo recibió una golpiza, y efectos secundarios misteriosos empezaron a aparecer de la nada. Justo cuando me las ingeniaba para dominar alguno, otro emergía: me sangraba la nariz, me salían ronchas, tenía dolores extraños. Durante semanas sobreviví con puré de papa, huevos revueltos y macarrones con queso, pues era la única comida lo suficiente blanda para poder tragarla. El pan tostado dolía demasiado para pasarlo por la garganta, el chocolate me sabía a metal, la fatiga me inutilizaba. Si intentaba hacer ejercicio, tenía que suspenderlo cuando empezaba a ver estrellitas. Todo mi cuerpo se sentía demasiado pesado como para subir las escaleras. Después de bañarme, debía tomar una siesta para recuperarme. Mis metas en la vida se encogieron a comer tres comidas al día y dormir una noche entera. Mi lista de pendientes resumía los principios de supervivencia: comer, dormir, bañarse, cambiar de sillón.

Todos los demás parecían tan ocupados con su vida, y al no poder dejar de comparar mi existencia con la suya, terminaba sintiéndome traicionada. Todo el mundo dice que las oraciones son poderosas, pero yo empecé a dudar. Después de días de autocompasión sin que nadie se preocupara por hacer eco, le comenté a mi esposo:

—Creo que si todas estas personas que aparentemente están orando por mí, en realidad lo estuvieran haciendo, no estaría tan enferma.

Mi esposo, un agnóstico autoproclamado, contestó:

—Quizá si no estuvieran rezando, estarías mucho más enferma.

Bien dicho.

Una tarjeta de buenos deseos detonó mi fe, pues decía: *La gratitud es la madre de toda oración.* Era momento de dejar de concentrarme en cada molestia, dolor y efecto secundario, pues podría estar mucho peor. Pensé en la mujer que, después de leer las columnas periodísticas sobre mi experiencia con el cáncer, me envió una foto de su hijo de seis años que no tenía pelo en su cabecita debido a la quimioterapia. Otra mujer me escribió sobre el tumor inoperable de su esposo, y sobre sus dos pequeños hijos. Una lectora más perdió a su única hija en marzo y había pasado su primer Día de las Madres sola.

Mi hija me alentó a escribir un diario de la gratitud. Mientras más escribía, más me convencía de que la gente estaba orando por mi salud. Las noches que no podía dormir, ofrecía un rosario por todos ellos. Cada Avemaría iba dirigido a curar a alguien más; ya no oraba por mí, por mí, por mí. Había magia en ese rosario, y conforme empecé a rezar por otros, fui sintiéndome mejor. Probé el experimento la noche siguiente, y la siguiente. En vez de solo escribir un diario para la gratitud, inicié uno nuevo de oraciones. Y no se trataba de escribirle a Dios para pedirle algo, sino de anotar los nombres de todos aquellos que necesitan ayuda. En lugar de repetir una y otra vez en mi mente la película de mi infortunio, hacía una lista de los nombres y rezaba por ellos. Cada día escribía el nombre de alguien que necesitaba una oración más que yo. Les enviaba un Avemaría y simplemente pedía: *Que su carga se aligere*; después caía en un sueño pacífico, agradecida no por mi situación actual, sino por lo que se me había evitado.

Años después de esa peregrinación del cáncer, descubrí otra forma de orar que ahora utilizo todos los días.

Un día entré a una librería y deambulé por los estantes de literatura motivacional para descubrir cuatro pequeños libros escritos por un autor llamado Ernest Holmes. Jamás había escuchado de él, pero cambió para siempre mi forma de hablar con Dios. Muchos de nosotros, incluida yo, continuamente pedimos ayuda, pero jamás nos detenemos el tiempo suficiente para recibirla en verdad. Yo siempre había rezado sin cesar, pero sin una fe real.

Digamos que llamo a mi amiga Beth y le pido que vaya a comer conmigo el jueves, y ella accede. Después, empiezo a llamarla cada 15 minutos para verificar si quiere comer conmigo el jueves. Seguramente, ella se preguntaría, *¿Por qué no me cree Regina? ¿Es que no confía en que yo llegue a nuestra cita?* Así ha sido la naturaleza de mi relación con Dios: he pedido y dudado al mismo tiempo.

Si hubiese tenido más fe, habría confiado en la oración al pronunciarla la primera vez, en lugar de repetirla.

Holmes sugiere una nueva forma de rezar. Primero, hay que rodearse de un Dios que te ame, al que yo llamo *Dios con siste-*

ma de sonido surround; luego, pide lo que necesitas y sé específico sobre tus preocupaciones. Haz a un lado cualquier duda, pues la Biblia dice *Pide y se te concederá; busca y encontrarás; toca, y las puertas se abrirán*. También dice: *Y todas las cosas que pidas en oración y creas, recibirás*.

Ahora nombro exactamente lo que necesito, y puesto que nunca sé lo que es mejor para mí, confío en que Dios lo sabe y agrego: *Esto o algo mejor*.

Después, y es aquí donde realmente todo cambió para mí, hago una pausa y reconozco que tengo completa confianza en un Dios que me ama. Conscientemente recibo de Dios lo que he solicitado; me tomo el tiempo de acoger lo que pedí. Esto es algo que jamás había hecho antes.

La última parte de la oración consiste en hacer una pausa y dar las gracias; es ahí donde uno actúa como si Dios lo hubiera escuchado, como si creyera en el poder de la oración, en la palabra divina.

La única parte de la oración que debes repetir es la final, *Gracias*. Si empiezas a dudar, no repitas la oración nuevamente ni le ruegues a Dios que atienda tus necesidades. Solo debes creer que Dios ya te ha escuchado y decir: *Gracias por...* Algunas veces me descubro combatiendo el miedo al dar las gracias infinitamente.

De ahora en adelante, rezo con una gran intención, y ya no aprieto el botón de ENVIAR una y otra vez. Eso ha cambiado mi vida, y me ha liberado del miedo y abierto avenidas interminables para mí como escritora, conductora de radio, madre, esposa y amiga. Ha mejorado cada una de las relaciones que tengo, empezando con la más importante: mi relación con Dios.

La fe real no consiste en orar sin cesar, sino en creer que desde el primer momento Dios te ha escuchado.

LECCIÓN 23

Sé puntual.

Es un concepto tan simple que a la mayoría de nosotros se nos diluye entre las manos.

Piensa cómo cambiaría el mundo si todos llegaran temprano al trabajo, a la escuela, a los aeropuertos, a las citas, a las bodas, a los derechos de visitas y a las reuniones familiares.

Yo solía llegar tarde a todo: clases, conciertos, iglesia, películas, terapia, trabajo, comidas, cenas y café con amigos. No importaba si quería estar en el evento o no, siempre llegaba tarde. Si el suceso empezaba a las 9 de la mañana, yo salía de mi casa a esa hora o más tarde. Jamás calculaba cuánto me tomaría llegar, y para nada pensaba en la gente que me esperaba preguntándose dónde estaba, ni en las personas a las que les iba pitando el claxon en mi carrera por llegar.

Sin embargo, odiaba esperar a la gente, ¿quién no lo odia? Empiezas a sentirte irritado y a preguntarte si llegarán o no. Yo tengo una regla de 30 minutos, y si no llegas dentro de los primeros treinta minutos de nuestro tiempo acordado, nuestros planes se cancelan. Cuando compartí mi regla del tiempo con Bruce, quien más tarde se convertiría en mi esposo, él me llamó antes de recogerme para nuestra primera cita. Sentí un hoyo en el estómago al contestar el teléfono, suponiendo que estaba llamando para decirme que no iba a poder llegar a tiempo.

—Me dijiste lo que pasaba si llegaba treinta minutos tarde, ¿qué pasa si llego treinta minutos antes? —señaló. Ese gesto me impresionó; un hombre que llega temprano me hace sentir valorada, respetada, apreciada; este gesto hizo darme cuenta de que yo no ofrecía nada así a los demás.

Un extraño en el aeropuerto me convenció de que llegar temprano es un verdadero servicio para los demás. Él arribó al Aeropuerto Internacional Hopkins de Cleveland, proveniente de algún cálido lugar, para tomar un vuelo de conexión hacia su casa. Aunque hacía frío, el hombre llevaba shorts, sandalias y una playera blanca que dejaba ver su bronceado vacacional. Con esta facha corría por el aeropuerto unos cinco metros delante de su mujer y su hijo, para llegar a la puerta justo cuando el avión se encaminaba hacia el despegue.

Su brillante tono bronce se convirtió en rojo chillón, pues estaba furioso por haber perdido su vuelo. El hombre empezó a gritarles a todos a su alrededor; cualquier persona con uniforme se convertía en blanco de ataque. Su atemorizada esposa bajó la cabeza y su hijo se veía avergonzado. El papá era imparable:

—No puedo creerlo, ustedes son unos ineptos —bramaba.

Siguió culpando a los oficiales de seguridad por haberlo hecho perder tiempo, a la persona de la puerta que le impidió pasar a la pista, a una azafata que iba por ahí. Todos estaban en un error, excepto él.

Debido al retraso, hizo su mejor esfuerzo por arruinarles el día a todos los demás. Yo estaba esperando mi avión con tres extraños, y todos movíamos nuestra cabeza mientras contemplábamos al hombre perturbar la vida de todo empleado en el aeropuerto.

—Hay que llegar temprano —dijimos al unísono.

Piensa cómo cambiaría el mundo por el hecho de llegar temprano: no habría riñas por el tráfico, todo el mundo se daría el tiempo suficiente para arribar, habría menos multas por exceso de velocidad, todos tendrían el tiempo necesario por si hay desviaciones y retrasos.

Yo solía llegar tarde crónicamente hasta que una terapeuta me indicó que debíamos abordar mi problema con el tiempo.

—Eres pésima con la hora —dijo—. Actúas como si no existiera, como si vivieras en una zona sin tiempo.

Ella estaba en lo correcto, pues yo albergaba a una adolescente interna que se rebelaba en contra de llegar puntual a cualquier lugar. Me rehusaba a utilizar un reloj y no quería ser restringida por las horas, los minutos y los segundos. Durante gran parte de mi vida no respeté el tiempo (ni el mío ni el de los demás). Mi mamá solía decirme siempre:

—Llegarás tarde a tu propio funeral.

Aunque viéndolo bien, ese no sería un mal momento para llegar tarde.

¿El lado negativo de ser impuntual? La gente se siente mal cuando tiene que esperar y te consideran maleducado e irrespetuoso (y están en lo correcto). Piensan que eres desconsiderado, incompetente y egoísta (y están en lo correcto). Te haces de una mala reputación, y las personas creen que no pueden contar contigo. Si no pueden confiar en que llegues a tiempo, ¿cómo confiar en que le des seguimiento a los compromisos? No te toman en serio y tu palabra no vale.

Ciertamente, ofreces disculpas y promesas que no piensas cumplir. Acabas diciendo mentiras o medias verdades sobre las razones de tu tardanza, solo para que tu imagen no se venga abajo. Exageras la cantidad de tráfico que había o el número de cuadras en que te quedaste atorado detrás del transporte escolar o lo lento que la anciana frente a ti iba manejando, cuando la verdad es que llegaste tarde porque te quedaste dormido, intentaste meterte en una actividad más cuando ibas de salida, no dejaste suficiente espacio entre citas o jamás calculaste el tiempo que te tomaría llegar al evento.

Llegar tarde provoca estrés en ti y en todos los demás, y crea una montaña rusa de drama y adrenalina. Yo solía florecer en esa emoción barata hasta que me di cuenta de que en el otro extremo de mi viaje había alguien sintiéndose mal.

Llegar tarde lastima las relaciones. Imagina lo mal que se sienten tus hijos cuando llegas tarde a los eventos del colegio. Es terrible hacerlos preocuparse sobre la posibilidad de que no llegues para verlos jugar futbol, basquetbol o *hockey*; o si llegarás a la obra de su escuela o al recital para verlos ejecutar su solo.

También se encuentran los padres divorciados que llegan tarde a recoger a su hijo para pasar el fin de semana con él o simplemente para visitarlo. El niño se para en la ventana y observa, con lágrimas en los ojos, cómo pasa cada coche que no es mamá o papá. ¿Por qué hacerles temer que los olvidaste? Llega antes de que se paren en la ventana, tranquiliza sus mentes y aparece temprano para que ellos sepan que valoras ese tiempo. No los hagas pensar ni por un segundo que no te importan, que no llegarás.

Llegar tarde es un pésimo ejemplo para ellos, así que no les enseñes a hacer que la gente los espere, que está bien hacer una entrada triunfal y, por llegar tarde, recibir palmaditas baratas al ego a costa de los demás.

He visto que la gente llega tarde a los funerales y a las bodas, lo que hace que la atención se dirija a ellos, en vez de a la persona en torno a la cual todos se reunieron para celebrar u honrar. Entonces, ¿por qué algunos de nosotros somos crónicamente impuntuales?

—Soy una persona que dejo las cosas para después —dice la gente.

¿Pero qué es eso realmente? He escuchado que la procrastinación es solo miedo con título universitario. Es una gran palabra que describe la razón por la que postergamos hacer algo o simplemente nos rehusamos a ello. Evitamos llegar a tiempo por miedo a la gente con la que vamos a encontrarnos, o si llegamos muy temprano, tememos pasar un poco de tiempo con nosotros mismos.

Para algunas personas, se trata de un juego de poder; es decir, una forma de controlar a otros al hacerles esperar y hacer girar su mundo. Para otros, es una manera barata de rebelarse y crear algo de drama.

Algunos seres humanos padecen de impuntualidad crónica porque no pueden decir que no, y no dejan espacio suficiente para todas las cosas a las que han dicho que sí. Pero ¿realmente le estás diciendo *sí* a algo si te lo vas a perder por llegar tarde?

Los militares tienen un lema: *Si no llegas cinco minutos antes, estás retrasado*. Y también está el viejo dicho: *Si llegas cinco minutos antes, estás a tiempo. Si llegas a tiempo, estás retrasado; y si llegas tarde, ¡estás despedido!*

La mayoría de la gente no consideraría siquiera la posibilidad de llegar tarde a una entrevista de trabajo, pues debe proyectar una excelente primera impresión y entrar por esa puerta cinco minutos antes. Sin embargo, una vez que obtiene el trabajo, la persona empieza a llegar cinco minutos tarde todos los días y ni siquiera le da importancia.

Yo he dado un giro de 180 grados respecto al tiempo. No soy perfecta, pero la mayoría de los días trato de dejar un amortiguador de quince minutos entre eventos. Lo que hago es que entretejo espacio para respirar. De esta manera, me da tiempo de llegar y encontrar un espacio decente de estacionamiento, hacer llamadas desde allí, ir al baño, relajarme, rezar, hacer una pausa, prepararme y simplemente respirar. Pienso en la hora a la que empieza la cita, agrego quince minutos y calculo el tiempo de traslado, después hago el recorrido hacia atrás para saber cuándo salir de casa.

Cuando viajo en avión, llego dos horas antes del vuelo. En otras épocas, podías correr por todo el aeropuerto, encaminarte hacia tu puerta y saltar a la aeronave cuando esta estaba por dirigirse a la pista de despegue. Actualmente ya no es así, por lo que dejo mucho tiempo adicional en caso de que haya una alerta de seguridad elevada, tráfico en el camino, una llanta ponchada, imposibilidad de encontrar estacionamiento o largas colas para abordar. Se siente bien registrarse con tiempo suficiente para poder leer un libro, revisar tu correo, comer, relajarte y estar listo para lo que te espera en tu destino.

También he probado otros consejos sugeridos por amigos, como adelantar el reloj cinco minutos, verificar el clima con anterioridad para tener tus botas o tu paraguas en la puerta, elegir con antelación lo que vas a ponerte, empacar tu almuerzo, llenar el tanque de gasolina y la cartera con efectivo (para la comida o el estacionamiento). Otra cosa que hago es mantener mis llaves en el mismo sitio, en una canasta junto a la puerta trasera, para jamás perder tiempo buscándolas. Mi esposo me enseñó ese truco. Durante la primera etapa de nuestro matrimonio, yo pasaba horas buscando mis llaves. Él incluso me compró un aro especial para llaves que hacía ruido cuando yo aplaudía, pero qué creen que pasó: lo perdí.

El mayor cambio ha sido pensar detenidamente lo que voy a poner en la agenda antes de comprometerme. Hago una pausa antes de acceder y le pregunto a cada persona qué tipo de compromiso temporal involucrará esto. Después me pregunto a qué tendré que renunciar por aceptar la invitación. Todo en el mundo es una transacción, así que cada vez que accedes a hacer algo, también renuncias a otras cosas o personas (probablemente a ti mismo). En la actualidad digo *no* con más frecuencia que *sí*.

Cuando se trata de cumplir objetivos, le dedico a cada uno cierta cantidad de tiempo. La pregunta que formulo es cuánto voy a tardarme realmente en completar dicha meta. De esa manera, los días del calendario dejan de estar apilados de pendientes que es imposible encajar en un periodo de 24 horas.

En vez de ser predeciblemente impuntual, puedes ser aquel que tiene una mayor probabilidad de llegar temprano, con quien todo el mundo puede contar.

La vida es impredecible, pero tú no tienes que serlo.

LECCIÓN 24

Sueña a lo grande.

Desea en grande.

Eso era lo que pensaba la pequeña Latanya el día que las solicitudes en papel rosado fueron enviadas.

Eso fue lo que pensaron los pocos aunque esperanzados residentes de un barrio pobre al visualizar una nueva escuela para sus hijos.

Pero primero, la historia de Latanya.

Aquel diciembre los niños habían garabateado rápidamente lo que querían que les trajera el Servicio Postal Estadounidense, el cual había adoptado su escuela durante las vacaciones. Latanya llevó su forma de solicitud a casa para pensarlo un poco mejor. Cuando su mamá ofreció ayudarle a escribir la lista de deseos, la pequeña de seis años se resistió.

—Yo la hago —dijo la niñita de primer grado y después le preguntó a su mamá cómo deletrear *zapatos* y *ropa*.

Su mamá jamás vio la solicitud cuando su hija terminó. La maestra recogió la colección de hojas rosadas y la entregó en la oficina de correos, que compraba regalos de Navidad cada año, para todos los niños en dos escuelas necesitadas de Cleveland.

De las 1,272 formas, tanto de la primaria Harvey Rice como de Walton, sobresalió la de Latanya. La mayoría de los niños pidió Barbies, muñecos G.I. Joe, patines, videojuegos, cedés y libros para colorear. La lista de Latanya dejó helados a los empleados del servicio postal. La chiquita no pedía una muñeca, ni un peluche ni un juego. Bajo las palabras, *Esto es lo que me gustaría para Navidad*, ella escribió: *zapatos, ropa para la escuela, comida y una cama*. La petición dejó sin aliento a Debbie Cockrell, la empleada postal.

No es posible que una niña de seis años deba pedir comida y una cama para Navidad, pensó, y después llamó a la escuela para ver si la niña realmente necesitaba dónde dormir.

Debbie descubrió que la niña y su mamá compartían una cama, pues acababan de mudarse de Nueva York, y la mujer no tenía trabajo. Debbie se puso las pilas y compró 400 dólares de juguetes, ropa y comida para la familia e hizo que todos en el trabajo corrieran el rumor de que una niña necesitaba una cama. La noticia llegó a los oídos de la jefa de distribución, Yvette Lucas, quien tenía un deseo que cumplir.

Al ser hija única, a Yvette se le rompió el corazón cuando su madre murió ese septiembre. La mujer permaneció junto a su madre hasta el final y pensó que el puño de tierra sobre el ataúd había sido el adiós definitivo, pero algo se sentía inconcluso. El último deseo de su mamá era asegurarse de que todas sus pertenencias fueran a parar a manos de los necesitados. Yvette había donado 14 bolsas de ropa a un albergue de gente sin hogar; sin embargo, aún tenía el Thomasville, un juego de recámara de roble que compró su mamá en 1982, año en que le diagnosticaron cáncer. Su mamá adquirió los muebles en caso de que Yvette necesitara alguna vez regresar a casa. Tan pronto como la mujer escuchó la historia de Latanya, supo que era momento de dejar ir otra pieza de su madre.

Cuando la mamá de Latanya vio que el camión se estacionaba enfrente, gritó un *¡Dios mío!*, al momento que se tapaba la boca y las lágrimas empezaban a derramársele. Ella unió sus manos en oración en el instante en que los empleados de la oficina postal descargaban comida, juguetes y un juego de recámara.

—No puedo creer que mi bebé haya hecho todo esto —dijo. Yvette volteó a ver a Latanya y le dijo a la mamá de la niña:

—Deseo que tengas la misma relación con tu hija como la que yo tuve con mi madre.

Después de acomodar las cajoneras y hacer la cama, Yvette alargó la despedida. Iba a ser su primera Navidad sin su mamá en 44 años. Ella recorrió con los dedos la superficie desnuda del tocador, la que una pequeña niña llenaría en un futuro con botellas de perfumes y moños, lápiz labial y barniz de uñas.

—Gracias, mami —susurró Yvette—. Esto es hermoso.

Latanya, por fin, había obtenido el cuarto de sus sueños.

Por desgracia, ella aún debía despertar e ir todos los días a una escuela que físicamente era una pesadilla.

La primaria Harvey Rice se veía como una bodega abandonada, protegida por una valla metálica de tres metros de altura. La entrada parecía una cueva oscura, y los maestros nuevos nunca podían encontrar la puerta principal, ni yo tampoco. Una gran cantidad de tela de gallinero cubría las ventanas para atrapar los vidrios cuando caían. Una vez, una ventana se precipitó en un salón de primer grado, lo que provocó que los niños salieran huyendo al pasillo hechos un mar de llanto.

En invierno, la nieve caía sobre los estudiantes, y un día la temperatura fue de 3 grados Celsius dentro de los salones. Los chicos utilizaban sus abrigos todo el día y los maestros tapaban con periódico las grietas de las ventanas para mantener el calor. La escuela no tenía patio para el recreo, ni sistema de altavoces ni bebederos que funcionaran. Yo pasé todo el ciclo escolar de 2002-2003 visitando cada semana la escuela para escribir sobre ella, subía los tres pisos de escalones negros a punto de desmoronarse, bajo los techos manchados por la humedad, junto a los hoyos en las paredes y alrededor de pedazos de yeso que aterrizaban en las escaleras.

Jamás olvidaré cuando, parada en el estacionamiento de asfalto que servía de patio, observé a los estudiantes celebrar el último día de clases y la manera como ataron globos de colores brillantes a las escaleras oxidadas, junto a los feos contenedores de basura. En un momento dado, una coalición de padres y residentes decidió que los niños merecían algo mejor. Después de todo, la escuela había sido nombrada en honor de Harvey Rice, el fundador de la educación pública en Ohio.

Ellos querían echar abajo la escuela y, después de años de presión y planeación, construyeron una nueva, una que no sirviera de oasis a la pobreza que atraía vendedores de drogas, pandillas y armas a su vecindario.

La nueva escuela Harvey Rice se inauguró en 2009. Los padres de familia, el personal de la biblioteca, la junta directiva, las corporaciones de desarrollo local y las fundaciones soñaron en grande y trabajaron conjuntamente para recaudar el dinero y el apoyo suficientes. La nueva escuela se despliega en un campus de aprendizaje de 2 hectáreas y se conecta con una biblioteca que tiene un centro de ayuda para las tareas, así como una sala de computación. La escuela costó 16 millones de dólares; la biblioteca, 6 millones. Fue necesaria la colaboración del distrito escolar, personal de la biblioteca, diversas fundaciones, organizaciones no lucrativas, padres y artistas locales. El campo de aprendizaje ahora sirve como eje del vecindario, y es un ejemplo de lo que puede lograrse cuando la gente trabaja en conjunto.

Adentro, las flamantes paredes ofrecen retratos del éxito: el neurocirujano Ben Carson, el fotógrafo Gordon Parks, la poeta Maya Angelou. Hay un salón de música, un laboratorio de ciencias y una sala de computación. El director quería dos computadoras, pero obtuvo 29.

Los salones cuentan con pizarrones electrónicos, no solo los tradicionales de gis. Hay una pantalla plana, alfombra nueva, elevadores, aire acondicionado y un salón de arte con tres lavabos y armarios llenos de material.

Los niños ayudaron a crear murales en las paredes, y un niño dibujó un birrete junto a la palabra *sueño*. El lema de la escuela cuelga en una pared para inspirar a cada Latanya que entra por la puerta: *Lo que creemos, lo lograremos*.

Una cama, un edificio: dos deseos.

Ambos se cumplieron cuando alguien decidió tener un gran sueño y convertirlo en realidad.

LECCIÓN 25

Consulta a tu alma porque en lo profundo de ti están las respuestas que necesitas.

Mis hermanas y yo nos reunimos una primavera en Arizona para tener un fin de semana juntas, el cual cambió mi vida. Mi hermana Joan vive en Phoenix, en las faldas de una montaña, y nos invitó a todas nosotras a gozar algo de descanso y recreación.

Con afán de divertirnos, manejamos a Sedona para deambular entre las tiendas de regalos y ver las poderosas formaciones rocosas en la ciudad, considerada por muchos como un vórtice espiritual. Una de mis hermanas sugirió que alguien nos leyera el aura. ¿Por qué no?, sería divertido para charlar, y si había algo de cierto o no en ello, lo descubriríamos más tarde.

Nos apretujamos en la parte trasera de una tienda de artículos *New Age* y fuimos tomando turno. Nos sentamos y colocamos nuestras palmas en un tablero especial mientras la lectora del aura tomaba nuestra fotografía. Una forma que se veía como una gran mancha de colores aparecía borrosa en el papel y cada foto era completamente distinta.

La mujer tenía algo fascinante que decir sobre cada una de nosotras conforme estudiaba nuestras auras. Yo no sé cómo lo hacía, pero era certera. Una necesitaba trabajar con su enojo, otra tenía que dejar de darle tanta importancia al trabajo y otra más debía empezar a viajar. Cuando llegó mi turno, le dije que no estaba segura de si funcionaría porque tenía dolor de cabeza. Sentía el inicio de una migraña y no sabía si interferiría con mi aura. No me pasa seguido, quizás una vez al año, pero cuando sucede mi visión se borra y, en 20 minutos, siento como si un mazo me diera en el cráneo. Después me dan náuseas y mi cabeza pulsa durante algunas horas antes de desmayarme del dolor.

Ella me estudió por un momento y preguntó:

—¿Por qué tienes dolor de cabeza?

—No lo sé —le dije.

—Sí, lo sabes —contestó.

Qué latosa, pensé. Su tono me paró en seco, quizás estaba en lo correcto. ¿Qué tal si, efectivamente, yo sabía la respuesta? Así que hice una pausa y me pregunté: *Regina, ¿por qué tienes dolor de cabeza?* La respuesta que escuché fue: *Porque estuviste en el sol sin llevar sombrero.*

Antes de poder contestar, ella dijo:

—Necesitas ponerte un sombrero cuando te expongas al sol.

¡Bingo! Fue entonces cuando se originó el dolor de cabeza, porque horas antes estuve sentada bajo el sol de Arizona, durante el almuerzo, y empecé a sentir un hormigueo chistoso en la cabeza, pero no puse atención. Ignoré la pequeña luz de advertencia de mi cuerpo, así como ignoro la luz del motor cuando se enciende en el auto.

No recuerdo mucho sobre lo que la lectora del aura dijo sobre mí, pero la mujer me enseñó a escuchar mi cuerpo, a adentrarme primero con preguntas, a consultar a mi propia alma y a nadie más. El hecho de creer que las respuestas que necesitas están en ti es algo que cambia la vida.

Ese acontecimiento redujo las migrañas, porque en su mayoría me daban después de haberme expuesto al sol por mucho tiempo. Ahora siempre tengo un sombrero a la mano y casi nunca me da dolor de cabeza.

La verdad está en nuestro interior. Para poder escuchar realmente, necesitas dejar de actuar como si fueras incompetente y de consultar a los demás en busca de respuestas. Debes tomarte el tiempo necesario para permanecer en silencio y escuchar lo que tiene que decir tu voz interior. Hacerlo me ha ayudado a curar mi cuerpo y a restaurar el equilibrio en mi vida.

¿Qué pasaría si verdaderamente creyeras que tu cuerpo conoce tus necesidades? ¿Qué tal si la respuesta a la mayoría de tus preguntas se encuentra dentro de ti?

Pregúntate qué necesitas y espera; hacer esto siempre me ha ayudado a sanar mi cuerpo.

Durante años tuve problemas con las manos. En la sala de redacción, cada periodista usaba muñequeras para el síndrome del túnel carpiano y yo pronto me uní a ellos.

Las manos me dolían de tanto escribir en la computadora; desafortunadamente, así es como me gano la vida. El dolor fue diseminándose poco a poco de las manos a los antebrazos y después viajó hasta mis hombros. Una amiga le llamaba *la enfermedad de los yuppies*. Me habría reído si no me doliera tanto. La condición empeoró a tal grado que tuve que vender mi auto y comprar uno automático, pues ya no podía cambiar las velocidades; no podía arreglar el jardín porque me era imposible tomar la pala, cavar y arrancar la hierba. Debido a que es invisible, es un padecimiento vergonzoso. Un día, un pequeño me pidió que levantara su bicicleta y la llevara al porche, él no pudo entender por qué no pude hacerlo. Mis manos se debilitaron tanto que alzar un galón de leche era una proeza.

La peor humillación la sufrí durante la terapia física. Un

día, un hombre alto y delgado pedaleaba en una bicicleta junto a mí. Era un obrero que estaba recuperando el uso de sus piernas después de que fueron aplastadas al caerle encima una pared. El hombre había permanecido enyesado de la cabeza a los pies durante seis meses.

—¿Y qué te sucedió a ti? —preguntó.

Quise decirle que me había lastimado haciendo algo atrevido y dramático, como saltos en caída libre o rapel.

—Mecanografié de más —contesté, avergonzada ante la verdad.

Acabé sometiéndome a una prueba de conducción de estímulos nerviosos para descubrir lo que estaba mal. La prueba consistía en la administración de una serie de descargas eléctricas a los nervios en mis manos y brazos. La mujer adhirió dos electrodos con cinta a mi brazo, uno con cable rojo y otro con uno negro. La imagen que se me vino a la mente fue la del paso de corriente cuando el auto se queda sin batería. Un estimulador negro con dos puntas de metal que sobresalían enviaba corrientes eléctricas a las vías nerviosas. Antes de lanzar la descarga, ella preguntó:

—Has parido, ¿verdad?

La primera descarga se sintió como un latido poderoso. La siguiente, como cuando te das un golpe en el codo; y la tercera, como el generador de juguete que teníamos de niños para darnos toques. El voltaje más elevado que la señorita me administró no fue tan malo como el que recibí al quitar un foco roto estando todavía atornillado. En aquella ocasión, utilizando un cuchillo para mantequilla, empecé a sacar los pedacitos de vidrio que se habían quedado atorados en el casquillo; de pronto, una descarga eléctrica atravesó mi brazo y me tiró al suelo.

La prueba no duró más de treinta minutos y mostró que mis manos sufrían del síndrome del movimiento repetitivo; básicamente, mecanografiaba mucho y descansaba poco. Terminé leyendo cada libro que pude sobre la condición y decidí empezar a escuchar mi cuerpo. Ahora, cuando mis manos se cansan, dejo de mecanografiar; otra de las cosas que también me ayuda es colocar un cronómetro para que, después de veinte minutos de trabajo, pueda tomar un descanso, pararme de la silla y hacer estiramientos. Además, he adquirido el hábito de exprimir una especie de boligoma para aumentar la fortaleza de mis manos y gradualmente han ido sanando desde que empecé a escucharme, han estado más fuertes que nunca.

Hubo un breve periodo de tiempo en que mi espalda me causó problemas. Tenía un dolor constante en la parte derecha, como si me estuvieran clavando un cuchillo. Fue poco después de haber terminado la radioterapia para el cáncer, así que temía lo peor. Una resonancia magnética mostró que no había indicios de cáncer, así que *fiu*. Lo que sí reveló fue un disco con artritis, pero en vez de sucumbir ante ello y ver esa parte de mi cuerpo como una zona débil, decidí detenerme, sumergirme en el silencio y consultar a mi propia espalda. ¿Qué era lo que necesitaba? ¿Por qué me dolía?

Lo que escuché como respuesta fue esto: *Estás tratando de cargar el peso del mundo sobre mí*. En esa época le decía que sí a todo y a todos, me preocupaba por los problemas de toda la gente e intentaba satisfacer las necesidades de los demás a costa de mi integridad.

A partir de ese momento decidí decir que **no** con más frecuencia y reducir la carga que coloco sobre mi espalda. Además, hago ejercicio y estiramientos todos los días para fortalecer los músculos alrededor de mi espina y mantenerme flexible. Durante años, no he tenido dolor. Ahora honro y respeto mi espalda y pongo atención a su luz de advertencia. Si alguna vez me duele, hago una pausa y me pregunto: *¿Qué peso que no es mío estoy cargando?*

De vez en cuando mi vida todavía se desequilibra. Me acuerdo de que era verano cuado mi quijada se salió de lugar. Durante dos meses mi mordida estuvo desalineada, lo que me dificultaba comer y hablar. Acudí a mi dentista, quien sugirió que podía tratarse de estrés. ¿Apretaba los dientes mientras dormía? También vi a un cirujano maxilofacial, y me tomó unas radiografías. Qué alivio sentí cuando supe que no era un tumor el causante de la desalineación. Él no quería hacer nada invasivo para corregir el problema, y yo tampoco, entonces sugirió unas cuantas tácticas para que de forma natural la mordida se alienara: relajar la mandíbula por unas cuantas semanas, dejar de mascar chicle, no masticar hielo ni caramelos duros, aplicar calor alrededor del área antes de dormir, masajear gentilmente la mandíbula y los músculos del cuello.

Garabateé todos sus consejos, regresé a casa y me senté a meditar. Había olvidado preguntarle a mi cuerpo lo que necesitaba. ¿Por qué estaba mi mandíbula fuera de lugar? La respuesta fue que mi vida estaba desalineada, ya que permanecía ocupadísima firmando libros y dando pláticas, y además mascaba compulsivamente chicle. Necesitaba dedicar un poco más de tiempo para mí, hacer un espacio para la soledad, la tranquilidad y la relajación.

Empecé a tomar clases de yoga una vez a la semana y a eso agregué un masaje una vez al mes. Tiré el chicle y me fui a un retiro de silencio. En dos semanas, mi mandíbula volvió a su posición original; en un mes, el dolor había desaparecido para jamás volver.

Judi Bar, maestra de yoga y terapeuta en Cleveland, me enseñó a escuchar mi interior para discernir lo que debía aceptar y rechazar en mi vida. Resulta ser que mi radar estaba descompuesto, lo que me hacía suponer que debía reparar cualquier cosa que apareciera en la pantalla (cosa que se traducía en un eterno *sí* a todo).

Judi hizo que me sentara en silencio por unos cuantos minutos, y sugirió que borrara todo pensamiento y simplemente respirara.

—Pregúntale a tu cuerpo. ¿Cómo se siente un *sí*? Deja que tu cuerpo te diga qué le hace sentir un *sí*.

Así que me quedé quieta y pregunté. Al principio, nada sucedió, después me relajé ante la pregunta y percibí calor en la cara hasta que la sensación fue de estar bajo un rayo de sol que emitía su calidez hasta el corazón. Sentí que una sonrisa crecía en mi rostro y que mi pecho se expandía con cada inhalación, como si mi corazón estuviera abriéndose ante el sol como una flor.

—Bueno, me parece que ese es un *sí* bastante claro —dijo ella.

A continuación, Judi hizo que me relajara otra vez y respirara profundamente durante unos cuantos minutos.

—Ahora pregúntale a tu cuerpo cómo se siente un *no*.

Hice la pregunta, y al principio nada sucedió, todo estaba en blanco; después, sentimientos de duda y ansiedad se apoderaron de mí. Me senté esperando escuchar algo claro y cierto para ese *no*. En su lugar, percibí una nube de confusión y una estela de miedo que se establecieron en mí. Después, mi mente empezó con el parloteo (ese ruido interior tan irritante como la estática en el radio).

Judi me pidió que describiera mi *no*. Yo le dije que, en realidad, no sentía esa negación.

—Háblame de lo que experimentaste —dijo. Entonces, le describí la sensación de duda, ansiedad, ruido, miedo y estática.

—Ese es tu *no* —respondió—. Cuando experimentes eso, debes decir *no*.

Aquel momento cambió mi vida, pues siempre esperé sentir con la claridad y la certidumbre de un mazazo el momento en que debía negarme a algo. Puesto que no experimentaba ese *no* claro y poderoso, acababa diciéndole que sí a cada necesidad y compromiso, pero el problema era que le daba la bienvenida a cosas que no eran alegres, importantes, significativas o espirituales.

Ahora escucho mi cuerpo, hago una pausa cada hora y le pregunto: *¿Qué es lo que necesitas?* Después oigo la respuesta, que siempre me sorprende. Mi cuerpo en realidad necesita dejar de trabajar para comer, ir al baño, dormir, estirarse, caminar, beber y moverse.

Cuando consulto mi alma, ella dice que sí con claridad. El *sí* es un despliegue de fuegos artificiales o, al menos, una luz de bengala que me da alegría. ¿Y el no? Cuando mi mente se empantana o se llena de ruido y las nubes se arremolinan, ese es mi *no*.

Es increíble lo que puedes recibir como mensaje cuando aprendes a escucharte. En verdad tenemos las respuestas en nuestro interior. Pon atención y descubrirás cuándo decir que sí y, de manera más importante, cuándo decir que no.

LECCIÓN 26

Si solo cuentas con tu fe, tienes suficiente.

Toda mi vida escuché sobre la pobreza en el tercer mundo; había visto fotos de esta en periódicos, televisión y revistas, pero nunca la había atestiguado de primera mano hasta que fui a El Salvador.

Cuando la guerra civil llegó a su fin en 1992, los editores del *Beacon Journal* en Akron, Ohio, decidieron enviar a un reportero para que escribiera sobre la conclusión de la guerra. Un niño salvadoreño llamado José había perdido la pierna en una mina terrestre y recibió un miembro artificial en un hospital cerca de Akron, por lo que el periódico quería que encontrara al pequeño.

Me dirigí a El Salvador con un fotógrafo una semana antes de que el cese al fuego fuera oficial. Después de una hora en el país centroamericano, mis sentidos se entumecieron. Los sonidos, los olores, el panorama eran sobrecogedores. La gente vivía en chozas hechas de adobe y palos; los techos eran láminas de cartón o metal corrugado; los niños eran tan delgados que se les veían los huesos, estaban sucios, no tenían zapatos y mendigaban a un lado de la calle. Guajolotes y gallinas convivían con la gente en el piso sucio de las casas.

El trayecto desde el aeropuerto hasta La Libertad fue como un viaje en el tiempo. Todo parecía el escenario de una película anacrónica. ¿Cómo podía la gente vivir así? Era paradójico que para el reportaje utilizáramos lo último en tecnología para transmitir la historia de un país donde ni siquiera era seguro tomar agua.

Con el fotógrafo del periódico, la primera noche me quedé en un pequeño motel donde la electricidad iba y venía, donde bichos del tamaño de pájaros entraban y salían volando. La noche siguiente nos quedamos con los misioneros de Cleveland en La Libertad, quienes nos enseñaron los lugares en que los soldados y los rebeldes mataron a la gente y aventaron los cuerpos. También nos mostraron los agujeros de bala cerca del altar de la iglesia, y la foto que alguien pudo tomar de Jesús durante una balacera.

Dormíamos en catres, asegurándonos de que las sábanas no tocaran el piso y de cerrar bien nuestras mochilas para evitar que las tarántulas se les metieran. Los murciélagos entraban y salían de la habitación, y el olor dulzón de los mangos y los plátanos del mercado competía con el del excremento de gallinas, guajolotes y cerdos. Había basura en la calle, los ruidosos camiones nos despertaban, la música resonaba desde cuadras lejanas.

Contratamos a un intérprete y salimos en busca de José. El país es prácticamente un paraíso de mar, arena, cielo, montañas, volcanes y palmeras con cocos. Con la ayuda del sacerdote de la localidad encontramos al niño, quien junto con su abuela Eduarda Morales vivía al lado de un camino sucio, a 80 kilómetros de San Salvador, en las faldas de un volcán en Nejapa. José era un niño introvertido y emocionalmente dañado, que solo tenía a su abuela. Eduarda, a su vez, había perdido prácticamente a toda persona querida, excepto a José. Ellos habitaban una choza de adobe más pequeña que una cochera para un solo auto y compartían una cama que era una angosta tabla de madera. En su pequeña choza no había electricidad ni agua corriente.

Eduarda, quien mantenía su cabello plateado oculto en un chongo, sufría de malaria, artritis y desnutrición. A su hijo lo mataron los soldados y su nieto perdió una pierna a causa de una mina plantada por la guerrilla. Ella y el niño sobrevivían día a día comiendo cuando podían encontrar alimento o trabajo. La mamá de José lo abandonó poco después de nacido y su papá recibió una bala mortal en el monte.

José Raúl Morales tenía once, pero parecía de 61. Había pasado toda su vida esquivando las balas de los soldados y solamente había vivido en paz una vez, cuando estuvo en Ohio durante 12 semanas para recibir su pierna artificial. La guerra era parte de su vida, como recolectar caña de azúcar y moler maíz para convertirlo en la cena. En Nejapa, 700 niños murieron durante los doce años que duró la guerra civil. En todo el país, más de 75 mil personas fallecieron, una cantidad enorme para un país con 5 millones de habitantes.

José todavía tenía miedo de caminar cerca de la calle donde perdió la pierna. Señaló el árbol donde estaba parado aquella mañana de marzo de 1988, cuando tenía siete años. Los guerrilleros habían tirado los cables de luz y José estaba observando su reparación cuando dio un paso y escuchó la explosión.

El niño que estaba con él corrió por Eduarda, y los soldados lo llevaron a toda velocidad al hospital que se encontraba a una hora de ahí. Los doctores tuvieron que amputarle la pierna por encima de la rodilla; tres meses más tarde, pudo salir. José y otras dos docenas de niños fueron llevados en avión a Estados Unidos para recibir cuidados médicos. Él aprendió a utilizar su prótesis a través de un programa del Departamento de Estado llamado Proyecto HOPE (por sus siglas en inglés), que ya no existe. A Eduarda y a él les encantó estar en Ohio, pues las enfermeras y los doctores los mimaron con regalos y amor. Hubo gente en Estados Unidos que quiso adoptarlo, pero eso significaba entregar la custodia y nadie quería que eso le pasara a Eduarda.

José llamaba *mamá* a su abuela. Eduarda tenía 74, y mientras caminábamos por un campo cerca de su casa, ella me contó cómo la guerra había pasado por todos lados, cómo los había circundado. Señaló el lugar donde vio por primera vez la paz. ¿Cómo era posible que la paz tuviera un lugar?

—Fue justo aquí —dijo ella, señalando con un dedo arrugado el cielo brillante y azul donde vio la explosión de fuegos artificiales que celebraban el final de la guerra.

Ella no les dio el crédito ni a los rebeldes ni a los militares por terminar la guerra, se lo dio a Dios.

—Dios nos da paz —dijo—, pero tenemos que pedirla.

Ella jamás dejó de pedir, y había rezado por la paz cada vez que oía las balaceras y las bombas cerca de donde estaban; ella había orado por la paz cuando la guerrilla invadía su casa y los soldados demandaban comida; ella había rogado por la paz mientras José se escondía debajo de la cama o se refugiaba en un rincón.

Eduarda no tenía a nadie más que a José y vendía lo que sobraba de semillas de café de los campos ya cosechados. La mujer se preocupaba por el hecho de que José algún día no pudiera encontrar trabajo por la situación de su pierna. Como estudiante, rara vez faltaba a la escuela, aunque debiera caminar casi un kilómetro para llegar.

Cada centímetro de su piel estaba arrugado por los 74 años bajo el sol ardiente. Sus ojos y su voz eran testigos de un espíritu joven que ni la pobreza ni la guerra pudieron romper. Conforme la guerra convirtió a José en un hombre, ella mantuvo la fe de un niño.

—Lo que sea que Dios quiera —decía, asintiendo como un niño obediente—. Yo no digo nada porque no puedo. Todo lo que hago es sufrir con paciencia.

De alguna manera, el regalo de la vida misma era suficiente para Eduarda.

—Sí, sí —ella exclamaba—. A pesar de todo el sufrimiento, Dios me ha dado muchas bendiciones; a pesar de todo lo que he pasado, Él me ha conservado con vida, así que le doy las gracias.

Su oración era *Lo que Dios quiera.*

Eduarda daba las gracias por la vida misma y algunos días eso era lo único que tenía.

Yo jamás he visto una fe tan rica como la de esta pobre mujer. Ella y José no tenían nada más que al otro y su fe. Para Eduarda, eso era todo. En aquella montaña, me vi rodeada de las personas más pobres de la Tierra y, sin embargo, con una fe más rica que la que jamás he experimentado. Ellos conservan la fe cuando se están muriendo de hambre, cuando no tienen hogar, cuando los hombres armados matan a sus seres queridos, cuando los soldados invaden sus casas, cuando las minas en la tierra se llevan algún miembro. A pesar de todo esto, ellos continúan alabando a Dios.

Nunca antes, hasta que conocí a Eduarda, entendí la beatitud de la frase *Benditos son los pobres de espíritu.* Los pobres de espíritu son benditos no porque sean pobres, ni porque no tengan nada, sino porque no tienen ningún apego más que a Dios.

Cuando no posees nada sino tu fe, tienes suficiente.

LECCIÓN 27

Sé un buen monje y haz de tu vida una oración.

Bill O'Connor, el mejor maestro de escritura que he tenido, alguna vez quiso ser monje, y si bien no duró mucho en el monasterio, la experiencia ahí impregnó toda su vida.

Bill y yo trabajamos juntos como reporteros en el *Beacon Journal* de Akron, Ohio. Cada vez que me sentía molesta por cosas ínfimas o cuestiones de consecuencias mayores, que en realidad no importaban tanto, él decía suavemente:

—Solo sé un buen monje.

¿Qué significaba eso? ¿El hecho de ser un buen monje significaba profesar una vida de pobreza, castidad y celibato? No para Bill. Cuando me ponía ansiosa por alguna entrega o temía un acontecimiento futuro, Bill me exhortaba a concentrarme en el presente. Cuando me emocionaba algún acontecimiento por venir y me distraía el futuro, Bill me alentaba a permanecer en el presente.

—No te pierdas de todos los momentos entre el ahora y el suceso anhelado o temido —me decía—. Está presente en el aquí y ahora.

La felicidad no se encuentra buscando curas geográficas para tus padecimientos. Los monjes honran un voto de estabilidad y permanecen en el monasterio, aun cuando se sienten inquietos e irritables. Los monjes tienen una rutina sagrada, un armazón sobre el cual pueden tejer cada día. Ellos llenan los espacios con oraciones, sea que estén lavando los platos, horneando pan o cantando salmos.

San Benito introdujo la idea de hacer un compromiso para permanecer en una comunidad. De esta manera, impidió que los monjes fueran en búsqueda del lugar perfecto para servir a Dios, como si ese sitio existiera. Afuera de la Abadía de Getsemaní, en Kentucky, donde vivió el monje trapense Thomas Merton, dos palabras sencillas inscritas en piedra sobre las rejas de metal dan la bienvenida (y asustan un poco) al visitante: SOLO DIOS.

Esa es la solución para cualquier problema: más de Dios. Muchos de nosotros, y me incluyo, tratamos de llenar el hoyo de dimensiones divinas con todo lo demás, llámese alcohol, drogas, chocolate, donas, novios, juego, sexo, compras, competencia y la interminable afirmación de otros. Sin importar lo que pongamos en ese lugar, nos seguimos sintiendo vacíos porque nada puede llenar ese hoyo, sino Dios.

Merton pasó la etapa final de su vida (27 años) en ese monasterio de Kentucky, escribiendo volúmenes sobre lo sagrado en la vida cotidiana a su alrededor. No tienes que ser un monje para darte cuenta de que la búsqueda de la felicidad sucede en el paisaje interno, y no mediante un cambio de casa, o de carrera o de matrimonio.

En mi búsqueda personal de Dios, he visitado la Abadía de Getsemaní. Si quieres rezar sin parar, eres bienvenido a participar en las oraciones, de Vigilias, a las 3:15 de la mañana, a Completas, a las 7:30 de la noche. En el ínter, los monjes rezan los salmos y trabajan.

Yo me despertaba para orar, a pesar de que cabeceaba durante el canto. Ahí conocí al Hermano Matthew Kelty, quien solía dar sermones justo después de cenar y alguna vez nos dijo que Dios era caprichoso (y esto provenía de un monje de quien se sabe ha llegado a usar botas de vaquero debajo de su túnica).

En la montaña, me senté en la típica silla rústica de madera junto a una estatua gigante y recordé la voz de un viejo hombre amish que solía decirle a todo aquel al que conocía: *Reza por un corazón humilde y agradecido.* En el cementerio, cada monje tiene la misma cruz modesta (pequeña y blanca con bordes redondeados, como los de un trébol), y una placa diminuta con un nombre inscrito y su fecha de muerte. Las cruces parecen extraños lirios blancos plantados en la pendiente verde.

Los cuatro días en Getsemaní me enseñaron que puedo vivir sin periódicos, teléfonos, televisores; que es posible vivir en silencio, aunque haya hablado bastante conmigo misma; que no hace falta el helado ni el chocolate, aunque el antojo permanezca.

Los monjes pueden señalar el camino a Dios, pero es en brazos de mi esposo, hija e hijastros donde Dios vive y respira y se regodea en mí. Fui a buscarlo y descubrí que ya lo había encontrado. Taconea tus zapatillas rojas para regresar a casa, pues no hay lugar como el hogar que Dios ha creado en tu corazón. Yo siempre tuve ese poder, pues la presencia de Dios ya estaba dentro de mí.

A mi amigo, el Padre Jim Lewis, le gusta ofrecer este consejo a todo aquel que se le acerca:

—Dios es la respuesta; ahora bien, ¿cuál era tu pregunta?

Jamás he olvidado una sencilla historia que un hombre compartió con un grupo de amigos. En una ocasión, Michael estaba de muy mal humor y le escupió a una monja. ¡A una monja! Eso es un delito grave en las escuelas católicas. Ella lo arrastró hasta la oficina de la directora, donde se quedó sentadito durante un tiempo que le pareció eterno; se preguntaba qué demonios sería su castigo. Después la monja se acercó y se sentó a su lado; él esperaba que fuera dura, pero en vez de eso, de manera muy gentil, ella le dijo:

—Michael, haz de tu vida una oración.

Él jamás olvidó esto.

Haz de tu vida una oración, no solo una búsqueda de logros, premios, popularidad, poder, alabanzas, dinero o fama.

Para muchos, la oración es algo que pronuncian cuando hay una crisis. Todos tenemos nuestra llamada favorita de 911 a Dios. Puedes rezar en un aprieto o puedes hacer de toda tu vida una oración. Para mí, el cáncer vino y adoptó ambas modalidades, pues hizo que pronunciara oraciones de crisis para sobrevivir y eso, a su vez, me permitió contemplar toda mi vida como un rezo, como un regalo para los demás. Cada día yo me conecto a Dios, a mi fuente de poder, de modo que permanezco nítidamente sintonizada las 24 horas.

¿Cómo haces de tu vida una oración? Mediante la práctica.

Todos los días bendigo mi vida con palabras de San Agustín, quien invocó la ayuda del Espíritu Santo para que lo transformara. Otros pueden referirse a ese mismo aspecto de Dios como Espíritu, Amor Divino, Presencia Eterna, lo que funcione para ti. Para mí, las palabras de Agustín hacen un gran eco:

> *Respira en mí, Espíritu Santo, para que mis pensamientos puedan ser santos.*
>
> *Actúa en mí, Espíritu Santo, para que mi trabajo, también, pueda ser santo.*
>
> *Atrae mi corazón, Espíritu Santo, para que solo ame lo que es santo.*
>
> *Fortaléceme, Espíritu Santo, para que defienda todo lo que es santo.*
>
> *Protégeme, Espíritu Santo, para que yo siempre pueda ser santo.*

Entonces, lo que hago es respirar. Durante todo el día, cuando mi mente empieza a revolotear, hago una pausa y me digo: *solo respira.*

Algunas veces me detengo para poner las manos en mi cabeza y pedirle a Dios que bendiga lo que pienso; a continuación, cubro mis oídos y le pido a Dios que bendiga lo que escucho. Luego toco mis ojos y rezo para que Dios bendiga lo que veo. Lo siguiente es colocar la mano sobre mi boca y pedirle a Dios que bendiga lo que digo. Después, poso mi mano en mi corazón y le pido a Dios que bendiga lo que siento. Finalmente, abro ambas manos y le pido a Dios que bendiga lo que hago.

De esta manera, transito por el día con la conciencia de que estoy cubierta, como lo están todas las personas con las que tengo un encuentro.

LECCIÓN 28

Cree en la abundancia.

El teléfono sonó en la sala de redacción pocas semanas antes de Navidad; era una llamada que abriría para siempre mi mente y mi corazón a la abundancia.

En la época navideña los corazones se encuentran un poco más abiertos a los milagros. También es un tiempo en que los periódicos se ven inundados con plegarias de gente que requiere ayuda, y como hay tantas personas necesitadas y tantas buenas causas, uno no sabe por dónde empezar, y si empiezas, no sabes por dónde terminar. ¿A cuántas personas puedes ayudar? ¿Qué tanta ayuda puedes brindarle a cada una de ellas? Como periodista, si escribes demasiadas historias sobre la necesidad de comida, techo, ropa y juguetes, te arriesgas a generar rechazo en los lectores. ¿Cuántas veces puedes acudir al mismo pozo y pedirle a la gente que se sumerja en sus carteras para ayudar a otro extraño?

Para el momento en que la familia de Staci Callihan me llamó aquel diciembre, mi propio corazón se sentía un poco fatigado ante tanta necesidad a mi alrededor.

La tía de Staci quería que un periodista escribiera sobre su sobrina, quien se encontraba en una unidad de cuidado intensivo en el Hospital Infantil de Akron. Staci tenía cinco años y había tantas cosas mal en su cuerpo que jamás dejaría el hospital para ir a casa, a menos que alguien pudiera prácticamente transformar su hogar en un centro médico.

La pequeña estaba conectada a un respirador artificial y la única manera para que los doctores le permitieran regresar a casa sería si contaba con una nueva habitación que tuviera aire acondicionado especial, un sistema de calefacción con filtro y suficiente espacio para el respirador, los monitores y una silla de ruedas. El hogar requería rampas para la silla y un nuevo cuarto para satisfacer todas las necesidades de Staci. Incluso el cableado tendría que cambiarse para darle cabida a todo el equipo médico. Sus padres no podían pagar el costo de todas estas modificaciones.

Lily, la madre de Staci, había renunciado a su trabajo para estar con la pequeña. Su papá, Jess, ganaba menos de 25 mil dólares al año. Para el momento en que la tía de la enferma terminó de leer la lista de todo lo necesario, yo estaba pasmada.

Por poco y rechazo su petición, pues la necesidad era tan grande que incluso si escribía sobre su situación, ¿quién sería capaz de responder a ella? ¿Quién podría donar los miles de dólares que se requerían? Intenté decirle a la mujer que no podía ayudarla, que Staci iba a morir de todas maneras en cuestión de semanas o meses. Yo no quería darle falsas esperanzas, pues sería horrible que nadie ofreciera ayuda.

La tía me suplicó que fuera a visitarla, que la conociera. Para ella, yo representaba los medios de comunicación y era su último recurso, su única esperanza. No podía imaginar a nadie que ayudara a la familia, pero una pequeña chispa de fe dentro de mí me dijo: *Nunca sabes.*

Los doctores habían sugerido a la familia que dejara morir a la pequeña, lo que haría más absurda la petición. Lo que yo podía ver era cuánto dinero se necesitaba para hacer todos esos cambios en la casa; pero aún no veía cuánto quería su hermana, Rachael, que Staci regresara a casa y cuánto amaban esos padres a su Bella Durmiente.

Cuando conocí a Staci, se veía como una muñeca de tamaño natural que llevaba una pinza brillante con estrellas en su sedoso cabello castaño; tenía unas pestañas enormes y oscuras, su vestido era color azul pastel, y a sus piernas las cubrían mallas blancas; en los pies lucía un par de zapatos de charol. Un Santa Claus de peluche estaba sentado en su cuna, y un árbol navideño de plástico descansaba sobre uno de los monitores mientras "Noche de Paz" se escuchaba en el radio. Todo lo que Staci podía hacer era dormir, pues la parálisis cerebral, la neumonía, las convulsiones y los problemas respiratorios habían desgastado su pequeño cuerpo. Múltiples tubos entraban y salían de su nariz y boca. Ella debía estar sentada en el regazo de Santa, jugando con muñecas, preguntándose si los renos podían volar; en vez de ello, luchaba por su vida.

Un neurólogo dijo que Staci no pasaría de los diez años, y aunque Lily sabía que la vida de su hija sería breve, ella quería que ese tiempo lo viviera en casa.

—Su destino no era vivir mucho, pero está aquí por una razón especial —dijo su madre—. Es como un ángel del cielo.

¿Cómo podía yo negarle algo a un ángel en Navidad?

Así que escribí la historia detallando la necesidad de la pequeña. Parte de mí se sentía mal por darle falsas esperanzas a la familia, y por pedirles tanto a los lectores en una época que los presupuestos familiares están apretados. Yo dudaba que la historia le diera a la familia Callihan el dinero suficiente para la rampa de la silla de ruedas.

La llamada entró a la sala de redacción un día después de que se publicara la historia de Staci. El propietario de una compañía de construcción leyó mi artículo del *Beacon Journal*, y quiso ayudar. Paul Testa, de P.J. Testa Builders Inc., había hablado ya con los Callihan.

—Yo la construiré —me dijo.

—¿La rampa para la silla de ruedas?

—Toda la cosa —dijo.

Él habló con todos sus proveedores, subcontratistas y trabajadores. Todos estuvieron de acuerdo en donar tiempo, material y habilidades. Organizó un grupo para construir el cuarto adicional y hacer todas las renovaciones en la casa de manera gratuita.

El regalo de Navidad para Staci excedió los 20 mil dólares.

A Paul y a los demás no les importaba que Staci pudiera morir cualquier día, prueba de ello fue el comentario que hizo uno de los trabajadores:

—Si ella está en casa aunque sea un día, habrá valido la pena.

Paul me comentó que se había ofrecido a hacer el trabajo porque sabía que nadie más tendría los recursos para ello y porque era Navidad.

Staci pudo regresar a casa y habitarla más de un día; de hecho, estuvo ahí diez meses. Murió en su cuarto nuevo, mientras su madre hacía unas compras navideñas.

Lily donó todos los regalos de Staci a su iglesia, para que otras familias necesitadas tuvieran regalos que abrir.

—Me siento tan agradecida de que haya podido morir en casa —dijo Lily—. Ella siempre se sentía feliz aquí.

A Staci la enterraron el 22 de diciembre de 1993, un año después de que Paul Testa y su equipo fueran por primera vez a la casa de los Callihan para empezar a construir ese cuarto. Cuando vi la foto de Staci en la esquela del periódico, me di cuenta de que la niña con necesidades especiales había satisfecho una necesidad especial. Staci Callihan me enseñó a jamás subestimar la capacidad de un corazón humano, a jamás dudar de cuánto puede expandirse.

Ella me hizo ver que ningún deseo, necesidad o milagro son demasiado grandes como para renunciar a ellos, pero sobre todo, Staci me enseñó que ninguna vida es demasiado corta como para no significar algo.

LECCIÓN 29

Proyecta tu luz sin importarte lo oscuro que parezca el mundo a tu alrededor.

Cuando las luces se apagaron, lo primero que pensamos fue en un *ataque terrorista.*

Pronto descubrimos que era un apagón no solo en Cleveland, sino en la mayor parte de la Costa Este, la región central del norte estadounidense y partes de Canadá. A pesar de la situación, el día oscuro se convirtió en uno de los más brillantes en nuestras vidas.

Finnegan, el hijo de mi amiga, descubrió la luz durante el mayor apagón de la historia norteamericana. El pequeño de dieciocho meses corría por nuestra cocina en la oscuridad sin llevar otra cosa que un pañal y una sonrisa, con sus mejillas regordetas iluminadas con la linterna que mordía con la boca; él la colocaba cerca de su rostro y brincaba de habitación en habitación como una enorme luciérnaga.

El pequeño no recordará nada del apagón, solo lo que le contemos.

Si somos honestos, le diremos que al principio temimos que los terroristas hubieran mermado al país acabando con nuestra electricidad, puesto que el mayor apagón en la historia americana sucedió el 14 de agosto de 2003, casi dos años después del ataque del 11 de septiembre. Le diremos que una vez que nos recuperamos de la intranquila sensación de *¿Qué vendrá después?*, el apagón en realidad no fue tan malo.

Alrededor de cincuenta y cinco millones de personas se quedaron sin luz, incluyendo la mayor parte de Nueva York, Baltimore, Buffalo, Detroit, Cleveland y Toronto. En Pensilvania suspendieron el servicio de trenes, y los aeropuertos cerraron para convertirse en campamentos de viajeros varados. Las carteleras publicitarias del Times Square se oscurecieron, los espectáculos de Broadway fueron cancelados y los metros quedaron detenidos en su trayecto mientras miles eran evacuados.

El apagón nos dejó sin luz, así que tuvimos que crear nuestra propia fuente de voltaje.

Manejamos a casa durante la hora pico, sin semáforos que nos protegieran de los cafres. Hombres con shorts y gorras de beisbol dirigían la circulación, conduciendo una sinfonía que no tenía sección de cornos. Ningún conductor se enojó lo suficiente como para apretar el claxon, mientras los que se habían elegido representantes ondeaban sus brazos al compás del tráfico. Cada intersección se convirtió en un alto de cuatro vías, y la gente educadamente tomaba turnos para pasar.

Le diremos a Finnegan que estar en tal *impasse* significó que la gente se quedara atorada en elevadores, que las plazas comerciales se cerraran, que la carne se echara a perder, que el helado se derritiera, que dejaron de funcionar los "ojos electrónicos" que hacen fluir el agua de lavabos y escusados en los baños públicos, que los aeropuertos se paralizaron.

Le diremos cómo él y su mamá tuvieron una piyamada en nuestra sala porque en su departamento hacía demasiado calor sin aire acondicionado ni ventiladores, y que era más seguro y más divertido superar la crisis juntos.

Le diremos que mientras comíamos a la luz de las velas, grupos de hombres se sentaban en sillas para el sol afuera de los altos edificios, los vecinos platicaban en las entradas, la gente conversaba iluminándose con candeleros en los pórticos y los niños contemplaban las estrellas que, de otra manera, no pueden verse por el alumbrado de las calles.

Le diremos cómo una multitud desesperada ignoró los dos letreros de CERRADO afuera de la farmacia Walgreen's, y sobre las 40 personas que pacientemente esperaron baterías, agua, velas y hielo, sin enojarse con los empleados que dejaban pasar solo a dos personas a la vez. Le contaremos cómo bailaba la gente que estaba al principio de la fila, y cómo las mamás al final de la hilera prometían a sus hijos helado para cenar. Le diremos que nadie se enojó cuando un hombre abandonó el lugar con diez galones de agua y la última bolsa de hielo; por el contrario, la multitud aplaudió mientras un extraño gritaba: *¡Misión cumplida!*, ante las sonrisas de todos.

Le diremos cómo llegamos a casa y descubrimos que no podíamos abrir la puerta de la cochera, ver la comida en el refrigerador, escuchar los mensajes en la contestadora o calentar la cena en el microondas.

Le diremos que no importa cuánto avance el mundo, siempre debemos traer efectivo; tener a la mano cerillos, velas, baterías, agua embotellada, comida enlatada, un radio con pilas, linternas; jamás hay que dejar que el tanque de gas baje de la mitad; y siempre debemos conocer el nombre de los vecinos.

Nos jactaremos sobre cómo no pudimos utilizar un cajero automático, poner un CD o un DVD, prender nuestras computadoras o ver CNN. Le diremos cómo el servicio de telefonía celular fue interrumpido por la saturación de llamadas y la mayoría de los teléfonos quedaron inutilizados porque nadie pudo recargarlos.

Le describiremos cómo tuvimos que hervir agua y oler nuestro alimento; que no pudimos diferenciar si nos estábamos bañando o ensuciando al darnos un regaderazo, porque para empezar el agua salía amarilla.

Recordaremos sobre lo lindo que fue tomar un descanso de los correos electrónicos, la navegación en la red y los *reality shows* de la televisión para, en cambio, llegar a conocer a gente real que son nuestros vecinos, con las ventanas abiertas escuchar los grillos y perseguir luciérnagas.

Le diremos que en todo Nueva York, Toronto, Detroit y Cleveland casi nadie saqueó las tiendas, que los comercios les dieron zapatos a la gente para que pudieran caminar kilómetros hasta sus casas, que los conductores les ofrecían aventones a personas desconocidas, que la gente organizaba fiestas en la acera, que los tenderos asaban *hot dogs* en las calles, las heladerías regalaban helados y los vecinos hacían reuniones nocturnas en la cuadra.

Le diremos que cuando la electricidad nos falló, nosotros no nos fallamos los unos a los otros.

Platón una vez dijo: *Fácilmente podemos perdonar a un niño que teme la oscuridad; la tragedia real de la vida se da cuando un hombre le tiene miedo a la luz.*

En uno de los días más negros de la historia, acogimos la luz en medio de la penumbra.

LECCIÓN 30

Consuela al enfermo y permanece a su lado.

Cuando enfermé de cáncer, traté de mantener mi vida tan normal como me fuera posible. Justo después de terminar mi último tratamiento de quimioterapia, por ser presidenta de la Sociedad Nacional de Columnistas Periodísticos me vi obligada a dar una conferencia.

Traté de lucir lo mejor posible en ese vuelo de Cleveland a San Diego, pero me sentía bastante mal. Cuando me vio calva, delgada, débil y hecha un ovillo en el asiento, la azafata adoptó un semblante triste.

—Eres mi heroína —dijo, mientras me daba una pila de almohadas. Supongo que imaginó que se trataba de un viaje de la Fundación Pide un Deseo. Caramba, ¿tan mal me veía?

Probablemente.

¿Me ayudaba saberlo?

En realidad no.

¿Qué le dices a la gente que tiene cáncer? A todas las personas que han padecido la enfermedad se les hace esta pregunta. En este momento hay diez millones de estadounidenses que han sobrevivido al padecimiento. Conforme las personas nacidas en los sesenta empiecen a envejecer, habrá incluso más diagnósticos. El cáncer ya no es la sentencia de muerte que solía ser, pero aún hay muchos que no lo saben.

Siempre he querido darle a la gente un acordeón con los puntos básicos sobre la manera de relacionarse con un enfermo de cáncer. La Sociedad Americana contra el Cáncer ofrece infinitos puntos en www.cancer.org, pero creo que el mejor de sus consejos es el de responder desde el corazón.

¿Mi consejo? Pienso que debe empezarse con lo que no hay que hacer, lo cual aprendí a partir de mi propia experiencia con la enfermedad y la de apoyar a amigos y familiares que han tenido cáncer. Todo el mundo es distinto, así que esta es una lista general sobre cómo darle consuelo al enfermo:

No huyas. El cáncer saca lo mejor y lo peor de la gente. Cuando se trata de los amigos, la enfermedad separa a los débiles de los fuertes, entonces algunos no dan el ancho y emprenden la huida. Una de mis amigas más queridas no soportaba verme enferma, por lo que nuestra amistad no sobrevivió. Ella y yo solíamos hablar todos los días, pero cuando me diagnosticaron, dejó de llamar y responder mis mensajes. No te conviertas en ese amigo que abandona, puedes escribir, visitar, mandar un correo, enviar un mensaje, llamar. Mantente involucrado a largo plazo, pues a mayor duración del tratamiento, mayor soledad en el proceso.

No compartas historias terribles sobre gente que no sobrevivió. Con demasiada frecuencia, la gente siente necesidad de relatar historias con finales tristes. Si el personaje principal de tu historia muere, ten la certeza de que no ayuda al enfermo.

Cuando se trata del cáncer, no hay palabras correctas. Conserva la sencillez y pronuncia: *Estoy aquí para lo que necesites.* Algunas veces no existen mejores palabras, y tu presencia importa más que cualquier cosa que puedas decir. Mantente en contacto, aun cuando el paciente esté demasiado cansado para hablar, incluso si él o ella se quedan dormidos cada vez que vas a visitarlos, cancelan los planes o no devuelven las llamadas. Permanece ahí, pues su prioridad número uno es recuperarse, no devolver tu olla ni escribir una nota de agradecimiento.

No ofrezcas consejo médico ni desapruebes el curso del tratamiento elegido. Sea que estés de acuerdo con el enfermo o no, respeta las elecciones que ha hecho, pues tú no eres el oncólogo.

No saltes del diagnóstico a la muerte. El individuo que está frente a ti está vivo, sin importar cuál sea el pronóstico.

No culpes a la persona por estar enferma. No señales que la condición quizá se deba a la falta de ejercicio, el hábito de fumar, comer demasiada carne roja o el pensamiento negativo.

No señales nada que no sea halagador, como lo grandes que se ven las orejas del paciente por haber perdido el pelo tras la quimioterapia. Cuando mi cabello comenzó a crecer nuevamente, se asomaba como si fuera una pelusa café, al verla, una mujer me dijo que mi nuevo cabello se veía como mugre. ¡Ay!, eso me dolió. Asegúrate de que tus palabras sean necesarias, útiles y amables.

No temas. El cáncer no es contagioso, así que no te pares a tres metros de distancia si siempre has sido de los que abrazan. Lánzate y dale un abrazo al enfermo.

No digas que sabes cómo se siente la persona, porque incluso si tú has tenido cáncer, no tienes la capacidad de percibir específicamente la condición del enfermo.

No hagas preguntas personales exclusivas de los doctores y los familiares cercanos. Dale privacidad a la gente, pues para algunas personas es importante la discreción en cuanto a sus situaciones médicas. Y sí, hay gente a quien le gusta hacer pública su condición; cada quien tiene derecho de quedarse callado o proclamar su experiencia a los cuatro vientos.

No prometas algo que no puedes hacer o que no quieres hacer. Ofrece solo aquello a lo que puedas darle seguimiento.

No te lo tomes personalmente. El cáncer puede hacer que una persona se sienta irritada, tensa, triste, deprimida y enojada. También provoca un terrible cansancio. El paciente quizá no siempre quiera contestar las llamadas, pero tú sigue presente. Recuerda, la carga de la amistad recae en la persona que está sana.

No orilles al enfermo a hablar de algo que no quiere discutir. Cuando mi amiga Mónica terminó en la residencia para enfermos terminales, continuaba hablando de los próximos tratamientos de quimioterapia. Nosotros sabíamos que ya no habría más, pero le permitimos tener esperanza. No necesitábamos recordarle que estaba muriendo a los 39 años de edad. Ella todavía quería casarse y tener hijos algún día. La escuchamos y la alentamos a relajarse, mientras recuperaba su energía. Mónica jamás la recuperó, pero pudo saborear cada comida, cada visita, cada rayo de sol antes de morir.

Al enterarte de que alguien tiene cáncer, guárdate las exclamaciones. Esas personas siguen vivas, así que pregunta cómo puedes ser de ayuda y escucha la respuesta.

A continuación, vamos a revisar lo que sí debemos hacer.

Mantente en contacto por teléfono, correo, tarjetas, y deja que la persona conteste conforme su energía se lo permita.

En vez de preguntar qué puedes hacer, ofrece algunas cosas específicas. Cuando tu cerebro está atolondrado debido a la quimioterapia, es más fácil elegir a partir de una lista de opciones. Las preguntas que puedes hacer son: *¿Puedo llevarte a la biblioteca? ¿Quieres ir al cine? ¿Te gustaría una malteada?*

Envía películas, libros, canastas con regalos, flores y comida en recipientes que no sea necesario devolver. Otra idea es contratar unos meses de Netflix. Cuando Mónica estaba en el hospital, su hermana Jacqui hizo una lista de 100 películas favoritas. Al enterarme de esto, contraté unos meses del servicio de películas vía Internet. Otra idea es dar certificados de regalo para restaurantes cercanos y pizzerías.

Apoya al encargado de cuidar al enfermo. Dale oportunidad de salir a caminar, tomar una siesta y hablar de algo que no esté relacionado con el padecimiento de la persona a su cuidado. Encárgate de que no le falten alimentos, ayúdale a conectarse con familiares y amigos, entrar a una comunidad virtual o construir un *blog* para comunicarse fácilmente sin tener que hacer mayor esfuerzo.

Es difícil pedir ayuda, así que facilita la situación. Ofrécete para hacer algunos encargos, cuidar a los niños, llevar comida, contratar ayuda doméstica, lavar la ropa, llenar el refrigerador. Si se te pide algo y no puedes hacerlo, sé honesto.

Los extraños, los amigos y la familia me sostuvieron. Ellos me traían documentos del trabajo y veían películas conmigo. Enviaron tantos arreglos florales que la sala se veía como una funeraria. Mi amiga Judy se quedó conmigo después de la cirugía y lavó mi cabello en el fregadero de la cocina durante los primeros dos días, cuando no me dejaban darme un regaderazo. Jane me compró un camisón y una bata, y Sheryl me trajo el almuerzo, me levantaba el ánimo y me actualizaba para que estuviera al corriente del último chisme de la oficina. Beth me trajo montones de películas de la biblioteca.

Tanta gente me ofreció su apoyo que tuve que organizarlos en batallones. Jim, un colaborador que había perdido a su hermana, me dio una copia del diario que ella escribió durante su batalla contra el cáncer. Pat, la hermana de Jim, creó su propia corporación para la curación y designó un director de espiritualidad, un director de humor, un director de belleza, un mesero principal y un afeitador de cabeza. El objetivo de cada uno era coordinar varios equipos que la ayudaran a sentirse mejor.

Su diario me inspiró a escribir los nombres de todos aquellos que ofrecieron ayuda. La gente a mi alrededor me preguntaba si había algo que pudiera hacer por mí, por lo que dividí a estas personas en grupos: aquellos que podían cocinar y limpiar serían mis cuidadores, aquellos que siempre eran optimistas sobre la vida formarían mi sección de porras, aquellos que me hacían reír a carcajadas se convirtieron en el comité del humor. El comité de belleza podría delinearme las cejas una vez que las mías se cayeran, escoger los aretes adecuados para suavizar el brillo de mi calvicie y enseñarme cómo atar una mascada.

Le pedí a mi esposo que se encargara de los pagos y el seguro, para que yo no tuviera que ver una sola factura del hospital ni preocuparme del costo que implicaba mejorarme. He escuchado de otros que designaron gente para reunir la última información médica, mantener los registros organizados, apuntar las medicinas tomadas (y sus efectos secundarios), así como acompañarles a su tratamiento.

Invita a los enfermos de cáncer a delegar responsabilidades. Haz una lista de las necesidades y deseos del enfermo, después otra con los nombres de familiares, amigos, compañeros de trabajo y vecinos. De esta manera será más fácil delegar responsabilidades. El comité de transporte puede instaurar aventones, cubrir gastos de estacionamiento para cuando los familiares vayan al hospital y organizar viajes compartidos a los partidos de futbol. El equipo espiritual puede ofrecer servicios de reiki, meditación, oración, yoga, escritura, terapia musical y préstamo de discos o audiolibros inspiradores.

Escucha. No tienes que dar consejos ni ofrecer un plan de acción. Solo escucha, reconcíliate con el silencio y siempre ve a la persona directamente a los ojos, sin importar cómo luzca. Permítele al enfermo hablar sobre otras cosas aparte del cáncer (como películas, libros, acontecimientos actuales). Ellos no se reducen a la enfermedad y siguen siendo tu madre, padre, hermana, hermano, amigo, compañero de trabajo.

Escucha con tu corazón, no solo con tus oídos. El enfermo no solicita que lo cures, solamente quiere saber que tú estás ahí en medio de toda la tribulación. Sé una válvula de escape y permite que la persona llore, blasfeme, gima y se queje sin juicio alguno.

Si te sientes incómodo, haz las paces con la incomodidad. La persona con cáncer se siente mucho más incómoda que tú, así que trata de ver todo el escenario a través de sus ojos. Intenta contemplar más allá de los monitores, las intravenosas, las cicatrices, la cabeza sin cabello y recuerda que la persona a la que amas sigue siendo la misma.

Cuando tengas dudas, solo pregunta si puedes hacer algo por la persona. A continuación, hazlo.

Este es un consejo que a las azafatas no les vendría mal escuchar.

LECCIÓN 31

Cuentas con un suministro infinito de abundancia divina.

La mayor lección que mi papá nos dio respecto al dinero tiene que ver con cómo doblarlo.

Si metías la mano en tu bolsillo y sacabas un billete de un dólar todo arrugado (o incluso peor, un fajo hecho bola), papá sacudía la cabeza y decía:

—No hay que maltratar el dinero.

Después, él lo planchaba cuidadosamente con sus grandes manos llenas de callos, esas manos bronceadas por haber trabajado en el sol martillando tablones de madera y colgando tuberías, esas manos manchadas por el alquitrán y el barniz, esas manos llenas de cicatrices de los ductos de calefacción.

Papá nos enseñó a llevar nuestro dinero bien planchado, doblado primero a la mitad, a lo largo, y después otra vez a la mitad, a lo ancho. De esa manera, al meter la mano en tu bolsillo, si se abría, quedaba atorado y nunca se salía.

Mi papá respetaba el dinero porque tenía muy poco cuando era niño. Su familia perdió todo en la Gran Depresión, por lo que en segundo de secundaria debió abandonar la escuela para poder trabajar y así ayudar a sus padres y hermanos. Mi papá fue hojalatero de oficio, durante los veranos trabajaba en los tejados, y en invierno reparaba calderas; en el ínter, construía ductos de calefacción para distintos negocios.

Nunca supe cuánto ganaba, y mi mamá recibía periódicamente una cantidad de dinero que él asignaba para comprar alimentos y otros productos domésticos. Cuando mi padre perdió su trabajo, ella obtuvo un empleo de medio tiempo, pero la vergüenza de tal situación casi lo mata. Ver que su esposa tenía que ocuparse de lo económico rompió algo en él. Papá quería que sus once hijos se quedaran en el pequeño pueblo donde fuimos criados, y sintió dolor cuando todos nos mudamos para ir a la universidad y seguir nuestra carrera profesional.

Como muchos descendientes de obreros, nosotros no teníamos muy buena opinión de la gente rica. Cuando éramos niños, sentíamos que era correcto ver mal a la gente que tenía mucho dinero. No se nos permitía albergar prejuicios sobre nadie más, y nos enseñaron que las personas de todas las razas, nacionalidades y religiones debían ser respetadas. Sin embargo, los que tenían dinero eran *esos*.

En realidad, nadie decía que eran malas personas, pero algún mensaje subliminal nos indicaba que la riqueza y la avaricia eran socias del pecado. Ser rico no era algo que se pudiera admirar ni a lo que se debiera aspirar.

De alguna extraña manera, casi glorificábamos la pobreza. *Benditos sean los pobres de espíritu* se convirtió en *Benditos sean los pobres*. En la escuela católica se nos enseñó que Jesús era pobre, como si esa tuviera que ser nuestra meta más elevada en la vida.

Me tomó mucho tiempo darme cuenta de que Dios no tiene nada en contra del dinero, y tampoco nada en contra de la gente con mucho. Cuando era niña, cada vez que alguien se beneficiaba de la lotería, una herencia o un gran aumento de salario, escuchaba la advertencia: *El dinero es la semilla de toda maldad.* Sin embargo, la Biblia no dice eso, es el amor por el dinero lo que el libro sagrado señala como semilla de toda maldad.

Me tomó mucho trabajo interior dejar de glorificar la pobreza y satanizar la riqueza. Yo no iba a tener una vida próspera si continuaba con esa mentalidad, pues era esta y no mi cartera la que me hacía permanecer estancada y limitaba mi potencial para ganar dinero y mi habilidad para ser generosa con los demás. Pasé muchos años de mi vida evitando el dinero, no invertía en el retiro y era incapaz de armarme de valor para pedir un aumento. Tenía lo suficiente para el día a día y me sentía agradecida por ello.

He escuchado decir que los problemas de dinero jamás se tratan de dinero; el problema es tu actitud hacia este o cómo te comportas en su presencia. Todos tenemos una relación con nuestra situación económica, ¿la tuya es buena o mala?

Un día mi amiga Vicki me prestó su copia de *Piense y hágase rico*. El título parecía casi pornográfico y la palabra *rico* me desalentó. ¿Estaba bien pensar en hacerse rico? Finalmente, leí el libro con una gran dosis de resistencia, pues desear ser rico parecía una traición a las raíces de mi padre obrero, así como a sus botas con casquillo de acero.

Con el tiempo leí otros libros sobre finanzas, la mayoría sugería examinar de dónde provienen tus actitudes respecto al dinero. Prácticamente, todas mis actitudes se originaban en la figura paterna, la que me enseñó que *el dinero no se da en los árboles*. Cuando queríamos algo, su respuesta siempre era: *No lo necesitas*. Cuando nos quejábamos por querer algo mejor, él nos regañaba diciéndonos que *un ciego se alegraría de verlo*.

Durante casi toda su vida, mi mamá no tuvo un ingreso propio. Un día llegué a casa después de haber visitado a una amiga y con gran emoción quise contarle a la familia que mi amiga tenía un vitral en su casa. ¡Un vitral! Mi mamá se puso furiosa, y exclamó:

—¿Acaso nuestra casa no es lo suficientemente buena?

Quizá estaba pasando por un mal momento, pero el mensaje que escuché fue el de no admirar lo que no tienes y sentirte contento con lo que sí tienes. Punto.

Mis padres tenían una conciencia sobre la pobreza que era difícil de eliminar, sus infancias moldeadas por la Gran Depresión les dejaron a ambos con un miedo constante a no tener lo suficiente.

Usábamos la ropa que heredábamos de nuestros hermanos y papá jamás compraba a crédito, pagaba todo en efectivo. Era descendiente de una generación adicta al trabajo, proveedores que pasaban todo el día laborando, llegaban a casa, leían el periódico, cenaban y se iban a la cochera a trabajar un poco más. El único pasatiempo de mi papá era el trabajo.

La diversión se asociaba con flojera y el juego era una pérdida de tiempo. Para ellos la meta era tener un trabajo estable y seguridad. Tomar riesgos atrevidos e ir tras lo que amabas en la vida era considerado irresponsabilidad.

Una conciencia de pobreza cree en los límites y la competencia, la escasez y la carencia, el miedo y la vergüenza. Imbuido en esa conciencia, te aferras y cierras tu puño sobre lo poco que tienes y no concibes abrirlo por algo mejor.

A mí me daba miedo recibir un salario de seis cifras, ya que significaba riqueza, que era como una equivocación, así que me negaba a pedir un aumento. Solía admirar más un auto destartalado que un BMW, un Mercedes o un Porsche flamantes. También consideraba que cortar cupones de descuento era un acto noble.

Constantemente decía: *No puedo, no tengo el dinero. No puedo permitirme ese lujo.*

Me tomó un largo tiempo soltar esa mentalidad de pobreza, darme cuenta de que mi destino financiero dependía de mí, que no es genético, que no está determinado para siempre.

Empecé a creer que hay suficiente dinero en circulación, tanto para mí como para los demás; comencé a alabar a un Dios de la abundancia y la prosperidad. Mi dinero es de Dios, y Él no tiene nada en contra de la bonanza económica.

Cuando transformes tu visión respecto al dinero, cambiará tu ingreso. En el momento que abandoné mi mentalidad de pobreza, se modificó mi capacidad para recibir y dar. No fue fácil lograrlo, y tuve que escribir toda una lista de frases sobre el dinero, la abundancia y la riqueza.

Tengo un diario de la abundancia donde anoto señales de prosperidad, así como el nombre de la gente, los lugares y momentos que llenan mi corazón, y las personas cuyos corazones puedo llenar de bendiciones, regalos, alabanza y actos amables. Escribo ahí sobre el almuerzo con el que mi hija me deleita, la comida que cocino para otros, los abrazos que se dan y se reciben, las monedas encontradas en la acera, los premios ganados por mis escritos, las propinas extra para los meseros, las llamadas, las tarjetas, las palabras de ánimo, los correos positivos enviados y recibidos y las notas de agradecimiento de sobrinas y sobrinos.

Ahora bendigo cada cheque que hago. En vez de enfurruñarme y sentir un hoyo en el estómago con cada recibo de gas, luz y agua, doy gracias por una casa caliente, iluminación para poder leer, regaderazos deliciosos y comida refrigerada. La palabra *abundancia* está escrita en letras llamativamente rojas que pegué en el cajón donde guardo mis recibos y chequera.

Pude crear un equipo de la abundancia con la gente en mi vida que quiere lo mejor para mí, incluso más que yo. Les pido su opinión sobre mis decisiones monetarias y comparto mis victorias.

Practico dar de manera alegre. Cuando se trata de pagar los impuestos, no me quejo, pues es prueba de que tuve un año abundante, y no me lamento como si fuera víctima del gobierno. Mis impuestos cubren todos esos regalos que disfruto: una biblioteca con muchos libros, carreteras pavimentadas, protección de la policía y los bomberos y escuelas que educan a todos los niños de mi comunidad.

Anoté cuál sería mi salario soñado en un cheque falso proveniente del universo y lo pegué en el gabinete de medicinas para verlo cada vez que abro la puerta. Cuando me veo en el espejo del baño, me digo a mí misma: *Regina, eres merecedora de la abundancia.* Es así como me mantengo abierta y lista para recibirla.

Una conciencia de prosperidad no significa que algunas personas ganen mucho y otras pierdan, es una situación en la que todos ganan, pues hay más que suficiente; se trata de libertad financiera y gira en torno a la fe. Esta conciencia tiene que ver con gastar de manera prudente, ahorrar y dar; también tiene que ver con amar lo que haces tan intensamente como para no tener que trabajar un solo día de tu vida.

Conscientemente, doy la bienvenida al dinero que entra a mi vida, pues lo veo como algo positivo que puede abrigarme en mi retiro sin jamás llegar ser una carga para mis hijos. Es algo que también bendecirá sus vidas después de que yo me haya ido. Además, puedo realizar algunas buenas hazañas con el dinero que tengo y ser benéfica para el mundo.

Dios es la Fuente en mi vida. El jefe, la empresa, la economía no la gobiernan. En lugar de decir *No puedo permitirme ese lujo*, ahora hago una pausa y me pregunto a mí misma: *¿Realmente quiero permitirme ese lujo? ¿Qué tengo que hacer para satisfacer ese deseo?*

Ya no desdeño el dinero; veo hacia dentro para encontrar la abundancia.

Ya no desdeño a los ricos; me veo a mí misma como una persona rica.

Tengo un suministro infinito de abundancia de un Dios acaudalado que me ama.

Y tú también.

LECCIÓN 32

Lleva siempre a alguien en brazos.

Algunas personas entran a tu vida y dejan una huella en tu corazón que jamás te abandona. Por eso uno puede recordar el momento preciso del encuentro. Para mí, Mónica Turoczy fue una de ellas.

La conocí hace unos cuantos años, en un evento que recaudaba fondos para el Centro de Crisis por Violación en Cleveland. Ella no era la mujer más alta del salón, pero daba esa impresión porque sostenía su cabeza más erguida que cualquier otra. Su cabello negro siempre estaba arreglado perfectamente; el lápiz labial coincidía con el color de sus uñas, su bolsa y sus zapatos.

Ella se interrelacionaba con mucha energía, hablando con todo el mundo y haciendo sentir importantes a todos los demás. Mónica sabía que a la gente le encanta hablar de sí misma, entonces te veía a los ojos y formulaba millones de preguntas porque en realidad quería escuchar las respuestas.

Desde el momento en que nos conocimos, nos hicimos amigas. Ella siempre me saludaba con dos palabras, *Hola, muñeca*, y espolvoreaba su palabra favorita *–fantástico–* en cada conversación.

Era 15 años menor que yo, pero siempre actuaba como una hermana mayor que me cuidaba, me daba consejos sobre moda, cuestiones laborales y relaciones. Mi amiga Mónica vivía bajo el lema *Lleva siempre a alguien en brazos.*

Sea cual sea la escalera profesional que debas escalar, toma a alguien contigo. Puedes ascender en tacones, botas de obrero o un par de mocasines. No importa lo que uses, sino a quién llevas contigo en el ascenso. Valora a cada persona que conozcas, sin importar su posición en la organización.

Nadie debe subir la escalera profesional en soledad; lleva contigo a alguien más mientras asciendes.

—Jamás huyan del hecho de ser una mujer de negocios —les decía Mónica a las mujeres más jóvenes—. Es la única ventaja que tenemos en un salón lleno de caballeros. Muchas mujeres piensan que necesitan interactuar como lo hacen los hombres, pero es importante que crees tu propio molde.

Ella trabajaba y construía relaciones con pasión, porque no solo trataba de enriquecer su vida, sino también la de los demás. Mónica les enseñaba a las mujeres a manifestar su mejor ser. En lugar de aprender sobre beisbol y golf para ser como los chicos, inventó un evento del chismorreo para las chicas. Creó el Power Pedi, un salón de belleza para mujeres de negocios. A este peculiar punto de reunión, Mónica invitaba a una mezcla de mujeres poderosas, jóvenes y viejas, veteranas y novatas, para hablar de negocios mientras les hacían *pedicure*.

—Si los hombres pueden faltar al trabajo para ir a jugar golf, ¿por qué nosotras no podemos hacerlo para obtener un *pedicure*? —me dijo un día.

¿Cuál era su filosofía?:

Encuentra tu onda y móntala como si fuera una ola.

Esa ola la llevó a Washington, D.C., después de dejar su trabajo en el Comité de Educación Superior del Noreste de Ohio. Por la distancia, perdimos contacto, pero un día de mayo, al encontrarme con su tía en Costco, recibí la noticia.

—¿Supiste lo de Mónica? —preguntó—. La van a operar del cerebro mañana.

Todo empezó con una migraña que no desaparecía. Las resonancias magnéticas mostraron cáncer en todos lados: cerebro, pulmones y abdomen. Mónica pasó de ser una mujer vibrante de 38 a una mujer moribunda con cáncer en etapa IV.

Se mudó de nuevo a Cleveland para tener el mejor cuidado médico en el mundo. Su mamá había muerto años antes de cáncer de mama, de modo que la hermana de Mónica, Jacqui, adoptó el papel materno para cuidarla en cada paso del camino.

Juntas lucharon con todo: cirugía, radiación, quimio. Jacqui acampó al pie de la cama de Mónica en el Hospital Universitario durante semanas y cargó a su hermana, algunas veces literalmente, ayudándola a aprender a caminar de nuevo cuando el cáncer envolvió su columna.

Jamás olvidaré cómo se vistió Mónica para su primera sesión de quimioterapia. Llegó como si fuera a tener una cita con un chico. Para mis sesiones de quimio, yo usaba jeans y tenis, en cambio Mónica llevaba una falda blanca de gasa con una blusa de un color rosa brillante que hacía juego con sus zapatos, sus uñas y un elegante sombrero.

Aturdida por la neurocirugía, ella preguntaba:

—¿Qué onda contigo?

Cuando la radiación en el cerebro la hacía olvidadiza, ella decía:

—Recuérdame de qué estabas hablando.

Cuando el cáncer de cerebro estaba por matarla, ella formulaba:

—¿Cómo está tu nieto?

Me sentí mal por prometerle que todo mejoraría. Mi amigo Patrick, que es sacerdote, amablemente me recordó que, efectivamente, todo mejoró.

En el funeral, Jacqui me pidió que leyera un poema que Mónica escribió de sí misma. En realidad, se trataba de un anuncio personal que había escrito y describía a Mónica mejor de lo que yo jamás hubiera podido hacerlo:

Soy un elegante par de botas de charol negro que llegan hasta la rodilla. Soy un libro fabuloso y un latte *caliente durante una mañana fría y soleada junto al río Potomac. Soy un fresco* pedicure *de color cereza con sandalias nuevas en primavera.*

Soy la chica que siempre contemplará con asombro y deleite el Monumento a Washington envuelto por la luz cuando te acercas desde el Memorial Parkway en una noche de luna llena.

Soy una tarde en la Galería Renwick, seguida de whisky y filetes en el restaurante Charlie Palmer's.

Soy una sabelotodo... ingeniosa y graciosa.

Soy una ronda de 18 hoyos con un puntaje de 90 un día soleado en la isla Hilton Head o en el club de golf Congressional, o soy *aquella que desearía estar en Augusta en abril.*

Soy un vino que se vende mejor en una degustación que por catálogo. Soy el crujido en tu mente cuando empiezas tu tercera conferencia telefónica un viernes por la tarde.

Soy la que debate mano a mano sobre sindicatos, política exterior, educación, cuidado de la salud y elecciones.

Soy feliz como la mañana de Navidad y como los botones de los cerezos que se abren al primer contacto del sol en abril, junto a la cuenca del Hudson, con Thomas Jefferson por testigo.

Soy la cita emocionada por un paseo a través de las cataratas del Roosevelt Memorial y una pizza de queso en Paradiso.

Voy descalza por las playas en Porto Mari en medio de febrero, sorbiendo jugo de tamarindo después de bucear con los peces payaso.

Soy el rayo de sol que solo vive en los cerros al norte de Siena, rebotando por las colinas de Chianti y los verdes olivares.

Soy la llama que no temes.

Mónica fue una luz de bengala que ardió rápidamente para después, *¡puf!*, desaparecer. Pero su luz siempre brillará en la gente a la que ella, alguna vez, llevó en brazos.

LECCIÓN 33

Sé original y forja tu propio sendero.

Los mejores discursos de graduación son breves, pues son pocas las personas que recuerdan las retahílas interminables. El Discurso de Gettysburg duró dos minutos. ¿Y el otro hombre que habló por dos horas? Pocos recuerdan el mensaje que Edward Everett dio aquel día.

Lincoln fue humilde o ingenuo al decir:

El mundo notará poco, y tampoco recordará por mucho tiempo lo que digamos aquí; pero jamás olvidará lo que hagamos aquí.

Y nunca olvidaremos esas palabras inscritas junto a su monumento en Washington, D.C., que terminan con: *Ese gobierno de la gente, por la gente, para la gente, no desaparecerá de la faz de la Tierra.*

No recuerdo quién habló en mi graduación de preparatoria, ni en mis dos ceremonias de la universidad. Por azares del destino he tenido que dar discursos en una preparatoria, una universidad y una academia de policía. Cuando consulté lo que los otros grandes oradores habían dicho, me di cuenta de que la mayoría instaba a los graduados a continuar por su propio camino, citando a Henry David Thoreau, quien escribió sobre seguir el ritmo del corazón.

¿Cómo sigues tu propio camino?

Dejas que la vida te pode un poco. El trabajo que no quieres quizá te conduzca a la carrera de tus sueños. El amante que añorabas, pero que no pudo comprometerse, quizá te permita encontrar a la pareja perfecta en la siguiente fiesta. Lo que quiero decir es que el rechazo es una parte necesaria para curtirte. Antes de graduarme de la universidad, envié 30 copias de mi currículum y recibí de regreso 30 cartas de rechazo. El doloroso proceso de eliminación me llevó a la única puerta todavía abierta, el trabajo de periodismo en un periódico pequeño que hizo arrancar mi carrera.

Nunca digas *nunca*, pues es posible que el trabajo que no quieres te conduzca a la profesión que deseas.

Alguna vez me dije a mí misma que jamás escribiría noticias que tuvieran que ver con el gobierno o con las empresas. ¿Cuál fue mi primer trabajo? Cubrir las noticias del ayuntamiento para el *Lorain Journal*, en Lorain, Ohio. ¿Mi siguiente trabajo? Cubrir la sección de negocios para el *Beacon Journal* de Akron. Y si bien era el trabajo equivocado, me encontraba en el lugar correcto.

Expande el horizonte y no esperes a que tu jefe te dé un título y una descripción de tu trabajo, date a ti mismo tu propio título y trata de merecerlo. No digas *Solo soy un (llena el espacio)*, y actúa como si fueras más. Empieza por satisfacer los requerimientos de tu jefe, pero no a costa de los tuyos. En vez de esperar a que tu nuevo amante te declare sus sentimientos, ¿por qué no te arriesgas y lo haces tú primero?

Ama la obra en progreso que eres en este momento: tú no eres un producto acabado, estás en constante evolución. Honra el gran diseño del Maestro, descubre el proyecto de tu alma, sé creativo, intrépido, estrafalario, irreverente. Sé un original, sé tú. Recuerdo haber escuchado la historia de un hombre que admiraba a tal punto el trabajo de la Madre Teresa que le escribía con frecuencia sobre la posibilidad de ir a Calcuta para hacer del trabajo de ella su misión en la vida. Un día, finalmente recibió una respuesta que lo dejó atónito: *Encuentra tu propia Calcuta.*

Crea tu mapa personal. En vez de encontrar tu lugar en el mundo, diseña uno. No uses el mapa de alguien más, pues el problema con los mapas (además de que nunca pueden volverse a doblar como estaban) es que solo te llevarán al lugar donde ya estuvo otra persona. Por esa razón no existe un mapa para el resto de tu vida. Además, son muy conservadores, pues en las acotaciones no hay signos de admiración.

Si tu corazón se inclina por Georgetown, no vayas a la Universidad de Notre Dame solo porque todos los de tu familia fueron alumnos de ahí. No persigas un título universitario si tu sueño verdadero es trabajar en el sistema ferroviario, y has escuchado el silbido soplando en tu corazón desde que eras un niño. No permanezcas en el pequeño pueblo que te vio nacer, ni trabajes para el negocio familiar si el deseo de tu corazón es subirte al escenario en Nueva York u ocupar la silla del director en Hollywood.

Cuando te quedas sin mapa, utilizas la brújula. Todos tenemos una que reside en nuestro interior. Esta brújula señala tu verdadero norte, el lugar diseñado para ti solo, para el deseo de tu alma, para el lugar que Dios creó únicamente para ti. Consúltala cada vez que te sientas perdido.

Escúchate y aquieta las voces a tu alrededor. La gente se acercará y agitará la bola de cristal que es tu mundo. Una crítica, algún chisme, un portazo y la nieve empieza a arremolinarse. Conserva la calma y el silencio, deja que la blancura revolotee, pues al final volverá a caer y descubrirás que los tesoros de su interior permanecen inquebrantables.

Hay un verdadero lugar para todos; el tuyo no le pertenece a nadie más.

Para muchos, la parte más dura de la vida comienza cuando la ceremonia de graduación termina. Las borlas han cambiado de lado, los birretes han sido lanzados al aire, los discursos han sido olvidados. Pronto te encuentras solo en el mundo del posgrado, el trabajo, los viajes o el servicio militar. Por un tiempo quizá sientas confianza en tu elección, quizás incluso la presumas un poco, pero un día podrías formular: *¿Qué demonios hice?*

Quizás eso suceda el día en que descubras que compartes la habitación con alguien que no cree en el uso del desodorante, o cuando el entrenamiento militar te haga sentir tan miserable que te preguntes cómo vas a durar una hora más, pero no puedes renunciar porque todos —desde tu tatara-tatarabuelo— sirvieron a su país y no debes fallarles.

Tal vez la persona con quien te habías ido de mochilero por Europa se enamoró y te dejó plantado en un albergue juvenil en Francfort y te las tuviste que arreglar solo.

O el trabajo en el cual habías depositado tantas esperanzas, para el que habías salido en tu nuevo traje y con tu portafolios brillante y lleno de sueños resulta ser duérmete-en-tu-escritorio de lo aburrido, o cualquier otro purgatorio especial, con un jefe que te produce un tic en un ojo y temblorina en las manos.

Quizá todo parezca claro y el sendero que transitas esté recién pavimentado y satisfactoriamente planificado, pero un día caes en un bache, después te topas con una desviación y, por último, te pierdes. El camino se bifurca y debes elegir, ¿pero qué pasa si te equivocas? O a lo mejor la calle termina y te sientes tentado a regresar, pero es ahí cuando debes abrirte camino.

Es necesario que escuches el sonido de tu propia alma. En lo profundo, conoces tu propósito, lo que debes ser, lo que debes hacer. Es ahí en donde oirás la verdad más profunda y clara, lejos del desorden y la estática y el ruido del mundo. Es el lugar donde escucharás que Dios te habla, si estás dispuesto a hacerlo. El viaje de tu alma es el único que importa, pero debes hacerlo solo.

Puedes darles un vistazo a los cursos universitarios para saber qué quieres hacer con tu vida, preguntarles a tus amigos para indagar qué van a hacer ellos con la suya, pedir consejo a tus padres y maestros, llenar un número interminable de solicitudes de empleo o echarle un ojo al Ejército, la Marina, la Fuerza Aérea o la Infantería.

¿Pero hacia dónde te llama Dios?

Él ha ordenado un lugar especial para ti en este mundo, que nadie más puede reclamar como suyo, pero depende de ti encontrarlo. Nadie te obliga a ir, se te invita a hacerlo. Para contestar ese llamado, debes hacer un viaje a tu propia alma y olvidar lo que tus padres quieren que seas, lo que tus maestros te dijeron que fueras, lo que tus amigos han decidido ser. Para hacer el viaje, debes dejar los deseos de todos los demás, las expectativas del mundo, los sueños ajenos.

Te sientas en el silencio de ti mismo y escuchas lo que algunos llaman *la quietud de Dios,* y otros, *intuición.* Después, alimentas la pasión que arde en ti, sea una chispa que parpadea y te confunde o una estruendosa llamarada que te consume.

No siempre será fácil, y quizá te sientas tentado a conformarte con menos. Quizá te preocupe la competencia, pero nadie más será llamado a ocupar ese lugar único que Dios ha diseñado para ti. Nadie puede llevar a ese lugar las experiencias de tu vida, tus talentos, tus fortalezas, tus debilidades, tus deseos y tus sueños. Tu lugar en la vida no le pertenece a nadie más.

Si aspiras a ser como alguien más, fracasarás, pues el mundo ya cuenta con ese alguien más y te necesita a ti.

El sendero que forjes quizá no tenga sentido para nadie, pero no necesita tenerlo, pues es tuyo únicamente.

Empieza a caminar.

LECCIÓN 34

Aprovecha el poder de la esperanza.

Cada primavera mi amigo Kevin me llama para preguntarme qué mensaje compartiré en mi columna respecto a la Pascua.

A mi vez, yo le pregunto qué sermón dará, puesto que es un sacerdote católico. Barajamos ideas, nos adentramos en otros temas y después colgamos, sin resolver la pregunta central; por lo general, descubrimos más tarde que acabamos transmitiendo el mismo mensaje.

Alguna vez Kevin me preguntó:

—¿Qué te da esperanza?

No tenía una respuesta o quizá tenía demasiadas como para quedarme solamente con una.

¿Qué es lo que me da esperanza?

La primera flor que se abre paso en primavera, las lilas en botón, el olor de los jacintos, el nido de un pájaro lleno de pequeños huevos azules, observar una mariposa, dos arcoíris al mismo tiempo.

Me dan esperanza las mujeres embarazadas y las novias sonrientes, ver cómo los dedos de un recién nacido se desdoblan en cámara lenta, la visión dorada de los peces japoneses que nadan debajo del hielo en un estanque.

Esperanzadores son los poemas de Billy Collins, Adrienne

Rich y Gerard Manley Hopkins; los himnos eclesiásticos como "Gracia Admirable", "No Temas" y "Cuán grande es Él".

Me dan esperanza los dientes de león que encuentran una grieta en el concreto para descubrir el sol, la última hoja en otoño que se rehúsa a caer, los tréboles de cuatro hojas.

Los cielos azules de Van Gogh y las bailarinas de Degas en faldas volátiles.

Nuevas partituras, boletas electorales, la amabilidad de algún extraño.

Los monjes de todo el mundo que rezan diariamente por la paz. Pasajes de las escrituras: *No se turbe tu corazón*, de Juan 14:1, y las promesas en Isaías 25:8: *Destruirá a la muerte para siempre, y enjugará Dios toda lágrima de los rostros.*

Cada amanecer que se abre paso a través de la oscuridad.

Las lecciones de vida de Max Cleland, Stephen Hawking, Rosa Parks, Ana Frank, Helen Keller, Beethoven y Mr. Rogers.

La película *The Shawshank Redemption* (Cadena perpetua).

Las monedas en las fuentes, los deseos de cumpleaños, los vestidos de Primera Comunión, un *grand slam* durante una jornada inaugural.

Los potrillos recién nacidos, una panadería llena de pasteles de bodas, ese narciso perdido que crece a mitad de la nada, los estudiantes que quieren especializarse en periodismo.

Los donadores de órganos, como la hija de mi prima, quien hizo que dos personas pudieran ver, y la que le dio a mi amiga Beth el riñón que salvó su vida.

La monja que dijo: *Traté con tanto esfuerzo de ser buena, pero Dios no quiere mi bondad, sino mi amor.*

Un alcohólico en recuperación que le dice a otro:

—Creo que tienes a Dios ebrio de alegría.

Un avión que despega, velas de cumpleaños, justo antes de que el deseo las extinga. Todos los cortejos nupciales que posan junto a las fuentes para que les tomen una foto en el Museo de Arte de Cleveland.

Una hoja en blanco en un diario nuevo.

La palabra *dayenú* repetida tantas veces durante la Pascua judía para reconocer que *habría bastado* con haber sido liberados de la esclavitud. Cruzar el mar, encontrar tierra firme, comer en medio de la naturaleza.

Mi amiga Debbie, quien es sorda y me entiende con solo leer mis labios, a pesar de lo rápido que hablo.

Marquesinas en las iglesias donde aparecen mensajes como: *¿Es la oración tu volante o tu freno de mano?*

Un charco de lodo lleno de gorriones revoloteantes; ese atardecer que es capaz de borrar un mal día.

Las palabras de *Llanto por la tierra amada* de Alan Paton, quien describió el amor como la única cosa con poder absoluto.

Nuevos votantes, un niño que carga una pila de libros de regreso a casa luego de visitar la biblioteca. Pasar por una granja donde todavía hay vacas pastando.

El Salmo 43:3-4: *Envía tu luz y tu verdad: que ellas me guíen, que me lleven a tu santo monte y a tu morada. Entonces llegaré al altar de Dios, a Dios, mi supremo gozo.*

La capilla del mártir en la Casa de Retiro Jesuita en Parma.

Cuando mi sobrino llegó a casa después de la universidad y me dijo que no, que no había crecido desde la última vez que lo vi, simplemente había dejado de encorvarse.

Cómo la cabeza de un bebé huele mejor que la lluvia.

Las canciones de música *country* que profesan "Love like you're not afraid of being alone" (Ama como si no temieras estar solo). La estudiante del taller de creación literaria de la Universidad Ursulina, quien me dijo:

—La pluma no conoce el miedo; con frecuencia, es la voz la que lo hace.

El Salmo 30:11: *Has convertido mi lamento en danza: Me quitaste la ropa áspera y me vestiste de alegría.*

Los autores Kathleen Norris, Joan Chittister y Annie Dillard. Los estudiantes de piano de Paul Schenly en el Instituto de Música de Cleveland.

Los sauces llorones.

Las monjas carmelitas que cantan con todo su corazón durante la mañana de Pascua.

El Niño Jesús en el pesebre; la tumba vacía.

La iglesia abarrotada durante la Misa de Pascua; las primeras flores de primavera que se abren paso a través de la nieve.

Los granjeros, los artistas y los poetas; la luz al amanecer y al atardecer; ver la forma en que el sol acaricia el pasto y saber que Dios dirige su mirada hacia mí.

Las historias que esconden los vitrales.

Un niño que sostiene un puñado de dientes de león recién arrancados, como si fuera un ramo de rosas.

Un completo extraño que te dice *salud* cuando estornudas.

Un chiquillo de preescolar que te pregunta *por qué* por enésima vez en cinco minutos.

Un residente de un asilo que no puede recordar a su familia y, sin embargo, es capaz de recitar cada palabra del Padrenuestro.

Los bomberos y los policías que arriesgan sus vidas por salvar a quienes no conocen.

Un adolescente con el cabello pintado de morado y aretes en todo el cuerpo, que le abre la puerta a una mujer con una carriola.

Los sobrevivientes del cáncer con cabello nuevo; los padres adoptivos.

Un niño de un año que da sus primeros pasos; un paciente recuperándose de una embolia y aprendiendo nuevamente a hablar.

Las monjas que todavía llevan el hábito.

El anuncio de un nacimiento; la celebración de las bodas de oro.

La gente que está dispuesta a compartir lo que les da esperanza, como la maestra Meryl Johnson de Cleveland. Esto es lo que ella escuchó cuando les preguntó qué les daba esperanza a sus alumnos de segundo de secundaria de la escuela Charles W. Eliot:

> Cuando mi abuela se enfermó y estuvo en el hospital durante tres días y regresó a casa con una sonrisa en el rostro, lista para jugar un partido de póquer. —Drielle
>
> Caminar por mi vecindario y ver que no hay pandillas. —Curtis
>
> Despertar en la mañana con el aroma del jabón Dove en mi rostro. —Mike
>
> Jugar en la cancha de basquetbol y manejar la pelota con confianza. —Robert
>
> Escuchar a los niños reír mientras corren por el parque. —Jarrold
>
> El aroma de las hamburguesas y las papas de McDonald's en la mesa de la cocina porque mi mamá decidió no cocinar ese día. —Demetrius
>
> Sentarme en mi cuarto a leer *Forjado por el fuego.* —Timothy
>
> Los brazos fuertes de mi papá alrededor de mi cuerpo cuando necesito un hombro sobre el cual llorar. —Britnee
>
> Ver brillar la luna en la esquina de mi ventana todas las noches. —Lavelle
>
> El olor de las acelgas, los macarrones con queso, el aderezo, la ensalada de papa, el jamón y el pastel de camote, un domingo. —Shameka

Escuchar la voz profunda de mi padre. —Rashida

Meter la llave en la cerradura y entrar a mi hermosa casa. —Jasmine

Tener agua caliente y fría para usar todos los días. —Katrina

Saber que si se lo dejo a Dios todo estará bien. —Kiara

La risa aguda de mi hermanito bebé. —Brenton

El olor dulce de mi hogar. —Antonio

Ver a mi abuela trabajar en la huerta sin necesidad de tomar analgésicos. —Chaz

Despertarme en la mañana y oler lo que mamá está cocinando. —Paul

Que no me vuelvan a asaltar cuando camino a casa el sábado por la noche. —Delonte

Agradecer a Dios por despertarme todos los días durante los últimos trece años. —Keyauna

Los encantadores poemas e historias de Maya Angelou, que me permiten estar contenta con lo que soy, sin importar lo que la gente diga. —Nichole

Yo añadiría: tener maestras como Meryl Johnson, quien nos da motivos para tener esperanza.

A ti ¿qué te da esperanza? Revisa tu vida y descubrirás la respuesta en todos lados.

LECCIÓN 35

Vigila tus palabras; reprime la lengua y la pluma.

Antes de decir algo sobre alguien, hazte tres preguntas:

¿Es amable?
¿Es verdad?
¿Es necesario?

La respuesta a las preguntas anteriores apaga las conversaciones de la mayoría de la gente (y me incluyo).

Hace algún tiempo hubo una campaña nacional para erradicar el chisme con anuncios donde aparecían figuras como Tom Cruise, Goldie Hawn y Bette Midler.

En Ohio, un rabino creó la campaña *Las palabras pueden curar*, para instar a la gente a evitar el *loshon hora*, una frase hebrea para el *discurso negativo*. La campaña se difundió por todo el país. El Rabino Chaim Feld le llama al chisme el pasatiempo favorito en Estados Unidos y quiere acabar con esta forma de violencia verbal.

El rabino define así el *loshon hora*: *Cualquier forma de discurso (el chisme incluido) que pueda causar daño, como angustia mental, pérdida financiera, dolor físico, reputación menguada o la mancha en la opinión que alguna persona tenga de alguien más.*

Sus esfuerzos tuvieron un eco rápido y pronto empezaron

a aparecer calcomanías en los coches que decían FRENA EL LOSHON HORA. Un día estaba en una cafetería cuando tres personas se sentaron cerca de mí y empezaron a hablar. Una mujer comenzó a criticar a alguien que no estaba presente, el hombre frente a ella elevó sus manos para detenerla y dijo:

—No deberíamos estar hablando de ella, pues no está aquí para defenderse.

La mujer objetó:

—Pero lo que estoy diciendo es cierto.

El hombre negó con la cabeza:

—De todas maneras, no es correcto. Estamos haciendo ese *lona haran*, la cosa judía, y no deberíamos.

Ella continuó; entonces el hombre volvió a negar con la cabeza y volteó su silla para alejarse de la mujer.

Hace un tiempo, una amiga empezó a chismosear y, de pronto, se detuvo en medio de una oración:

—No, estoy haciendo esa cosa *losher hora*. Caramba, qué difícil es.

Yo he luchado toda mi vida contra lo que significa esa expresión judía de *loshon hora*. No sabes lo mucho que he querido decirle a alguien sobre un colega que fue visto en un club de *strippers*, pero no lo he hecho. Todavía.

Feld afirma que la mayoría de la gente se entrega al chisme para crear un vínculo, mostrar ingenio, compensar una carencia de habilidades para conversar, vengarse o impresionar. Si su campaña es exitosa, las habladurías quizá se conviertan en algo inaceptable, como fumar. Sin embargo, creo que este cambio no se dará tan fácilmente y habrá resistencia, ya que algunas personas se ofenden cuando les dices que no quieres escuchar chismes y creen que está bien transmitirlos, siempre y cuando sean ciertos o divertidos.

El rabino quiere que elevemos nuestros parámetros. Su libro *Words Can Heal* (Las palabras pueden curar) ofrece los siguientes consejos:

Cuando se trate de chistes ofensivos, no los repitas y evita reírte de ellos. Cuando sientas la necesidad de entregarte al chisme, muérdete la lengua, cambia de tema o aléjate. Cuando bromees, pregúntate a costa de quién lo haces. Cuando alguien te pregunte si has escuchado sobre esto o aquello, contesta algo como *No, y probablemente sea mejor no saberlo.* No repitas nada por lo que no puedas meter tus manos al fuego.

Y si esos consejos no te detienen, este proverbio español debería: *Quien diga chismes de alguien más, también dirá chismes de ti.* Ese es un pensamiento aterrorizante.

Uno no se da cuenta de lo chismosos que somos hasta que tratamos de parar. En este proceso de purificación, al principio empiezas a tomar conciencia de todas las veces que haces un comentario crítico sobre gente que en realidad te cae bien. Luego dejas de decir cosas sobre personas que no te caen bien; finalmente, descubres que te sientes incómodo cuando alguien empieza a hablar de otra persona.

Es como dejar de fumar. La gente que solía disfrutar de una cajetilla de cigarros al día y rompe con el hábito, después se irrita cada vez que huele el humo del cigarro.

El chisme es un hábito difícil de eliminar, ya que colocar a alguien por debajo de ti te hace sentir bien (alrededor de cinco segundos).

Trata de dejar ese hábito. Yo me sometí a una dieta de chisme, y si crees que dejar de fumar es difícil, intenta no hablar mal de la gente. No te darás cuenta del nivel de tu adicción hasta que trates de abstenerte. Es más difícil hacer a un lado un par de pensamientos negativos que perder un par de kilos.

Al final de la primera semana, había fracasado de manera

miserable, y tenía la enorme necesidad de contarle a una amiga lo que pensaba sobre los métodos de educación de una mujer. Tampoco pude contenerme sobre la apariencia de piñata que un gran suéter multicolor le daba a una pobre señora.

¡Si tan solo Feld pudiera crear un parche que podamos usar y emane pensamientos positivos que pasen por el torrente sanguíneo directamente a nuestros cerebros! Yo llegué a pensar en ponerme una liga alrededor de la muñeca para darme un chicoteo cada vez que me viera orillada a decir algo horrible, como por ejemplo: lo ridículo que algún hombre se ve cuando peina unas hebrillas de pelo (como de hilo dental) sobre su cabeza calva. Olvidé lo de la liga, pues mi mano caería al poco tiempo.

Quizá mi vena chismosa viene de nacimiento. En una familia grande aprendes la supervivencia del más astuto, ya que debes desarrollar un truco para enfrentar a los hermanos mayores, quienes constantemente te molestan con que no tienes ningún parentesco con ellos, y para ahuyentar a los más pequeños que te seguirían a todos lados si no fueras malvado.

Mi papá hacía lo mejor que podía para desalentar palabras que no fueran amables. El único teléfono en nuestra casa (y eso que había once niños) se encontraba justo en medio de su escritorio en el área del comedor. Cada vez que me escuchaba hablar mal de alguien más popular que yo (es decir, cualquiera en la preparatoria), me regañaba:

—Eso no es muy bonito —decía en voz alta para que la persona en el otro extremo de la línea lo escuchara. O peor aún, decía—: ¿Dirías eso de ella si estuviera parada aquí?

Mamá tampoco era de gran ayuda y nos reprendía:

—Si no puedes decir nada amable de alguien, mejor quédate callado.

Caramba, mamá, si todos nos adhiriéramos a esa filosofía seríamos tan silenciosos como los monjes.

No estoy sola en esto, admítelo. ¿Acaso no disfrutas el chisme? Es uno de los placeres inconfesables de la vida.

En defensa mía, no estoy tan mal como algunas personas que, a modo de introducción, abren cada comentario con un *No sé si es verdad, pero...* Al menos yo tengo ciertos estándares. El chisme tiene que ser cierto antes de que yo lo transmita, pues tengo una reputación que defender. ¿Quién quiere escuchar un chisme que no sea fidedigno?

Ese era mi bajo estándar antes de que el buen rabino me diera algo de alimento para la mente, ese nutriente que es bueno para ti aunque no sea particularmente sabroso (como las coles de Bruselas). Él ha hecho que me formule las tres preguntas antes de abrir mi bocota, y lo terrible es que casi todo lo que digo no pasa de la segunda.

No estoy segura de poder abstenerme para siempre, pero he reducido la cantidad de intervenciones malévolas. Para la segunda semana de mi dieta mental, aunque tenía pensamientos críticos, había desarrollado un botón de EDITAR. En lugar de que cada pensamiento se derramara de mi boca como un enorme caramelo, hacía una pausa momentánea en la que mi conciencia aparecía y decía *No te adentres ahí.*

Para la tercera semana, los pensamientos positivos empezaron a llenar mi cerebro. Solo dos de cada cinco pensamientos negativos encontraban su camino hasta mi boca.

La dieta no ha sido perfecta, pero ciertamente me siento más ligera.

LECCIÓN 36

Sin importar lo que suceda, tómalo como una experiencia espiritual.

Mi amiga Verónica me llamó un día para decirme que me iba a enviar por fax un artículo donde se enumeraban 27 formas de llevar una vida espiritual. Mientras esperaba el fax, pensé en lo que podría haber en la lista. Probablemente algunos de los viejos estándares como rezar el rosario, leer la Biblia, orar, ir a la iglesia, dar dinero para caridad, reunirte de vez en cuando con un guía espiritual.

O quizá se adentraba un poco más por el sendero místico y sugería despertar al amanecer para pronunciar los Salmos, leer algo profundo escrito por Thomas Merton, Martin Buber o Rumi, escuchar cantos gregorianos o irte de retiro durante treinta días.

Cuando el documento llegó, tuve que revisar un par de veces la portada para asegurarme de haber recibido el fax correcto. Ninguna de mis ideas estaba en la lista del artículo titulado "27 formas de vivir una existencia espiritual todos los días" que aparecía en la revista *Utne Reader.* El origen de la lista era una publicación llamada *Values & Visions* (Valores y visiones), y consistía en pasajes de distintos libros.

La lista ofrecía cuestiones básicas, como por ejemplo, despertar. ¿No es eso algo que se da por sentado? Ah, pero la diferencia se encuentra entre pararte y despertar. Pararte es cuando abres el ojo refunfuñando y quejándote, *Santo Dios, ya es de mañana*. Despertar es saludar el día alegremente: *Buenos días, Dios*. Recordaré eso cuando me vea tentada a apagar el despertador por tercera vez.

Otro consejo consistía en jugar con un can, pues al parecer, los perros son maestros zen; ellos saben cuándo comer, dormir, jugar y tranquilizarse. Otra idea era abrir la puerta, y aunque esto pueda parecer sencillo, ¿cuántas veces evitamos hacerlo por si se trata de un extraño que solicita firmas para una petición, una donación para la banda infantil o que por favor leas el folleto del sendero que seguro te llevará hacia Dios? Con precaución dale la bienvenida al extraño que toca el timbre como si fuera, ciertamente, un invitado. Un monje alguna vez me dijo que si estás rezando y escuchas que alguien toca la puerta, ábrela y haz de eso tu oración. En teoría eso suena bien, pero cuando estoy rezando y alguien toca la puerta de mi cuarto para interrumpir es difícil escuchar a Dios en ese toquido.

Un consejo más era sacar la basura, pues uno incluso puede verla bajo una luz espiritual. El aroma de una nueva rosa y el hedor del brócoli viejo ofrecen las dos caras de la vida. Lo que amábamos vivo muere y se convierte en la basura que alimenta a algo más para que viva.

Cada experiencia, sin importar lo mundana o pequeña que sea, contiene una lección, un regalo, una bendición, si la tomamos espiritualmente. No importa si se trata de la pérdida de un trabajo, un divorcio, una infracción o un susto relacionado con tu salud. Pregúntate cuál es la lección contenida en la experiencia. Conócela, practícala, da las gracias por ella y sigue adelante. Una vez escuché la historia de un hombre que por su alcoholismo había terminado sin casa y viviendo en un albergue; ahí, este hombre escuchó a otro decir que por tener mucho dinero se había ido de su casa, ya que su esposa, sus hijos y su jefe lo estaban volviendo loco.

—Las cosas por las cuales no quieres que te molesten son las que yo anhelo —le dijo el hombre sin hogar al otro.

Incluso se puede tener una actitud espiritual ante los disgustos. Un día, llevaba mi blusa favorita doblada en el brazo, mientras hacía unas compras en Macy's. El aire acondicionado en las tiendas es tan frío que tomé mi blusa gruesa en caso de que me calara. Después de comprar un edredón y unas sábanas para nuestra cama, llevé todo al auto para no tener que cargar bultos mientras seguía comprando. En el coche, una pequeña voz dentro de mí me instó a dejar mi blusa, pero no escuché. Regresé a la tienda y estuve ahí durante una hora. Cuando era momento de regresar al auto, me di cuenta de que la blusa había desaparecido. Mi prenda favorita se había quedado en una tienda de ropa y no había manera de encontrarla. Hice pucheros durante una hora hasta que me pregunté, *¿cuál es la lección aquí?* Una muy poderosa: escucha tu intuición. Perder mi blusa quizás evitó que extraviara algo mucho más importante.

Con demasiada frecuencia tratamos de encontrar a Dios fuera de nuestra vida normal, ordinaria y cotidiana, haciendo lo que pensamos que es espiritual (asistir a la iglesia, al templo o a la mezquita; rezar y meditar; leer la Torá, la Biblia, el Corán o el Bhagavad Gita).

¿Qué pasaría si realmente descubriéramos lo espiritual en cada desafío, así como en cada persona que representen un reto?

¡Qué gran vida sería esa!

Mi amiga Ro manejaba así su existencia, pues siempre contemplaba todo con perspectiva. Tenía una extraordinaria capacidad de examinar el panorama y encontrar a Dios escondido en el escenario. Ro era capaz de descubrir a Dios en cualquier acontecimiento y lo bueno en cada evento. Algunas personas llevan su corazón dibujado en la manga; Ro Eugene desplegaba el suyo en el auto. Ella manejaba con una placa que decía: LUVUALL (Amo a todos).

Y lo hacía. Ro amaba a todos, incluyendo a las personas que no siempre le caían bien.

Aquellos que la conocían hablaban de la vez en que sus dos hijos mayores regresaron a casa de la escuela golpeados por dos chicos del vecindario. Cuando Ro vio la escena, salió disparada.

El resto de nosotros mortales le habría gritado a los niños o a sus padres, o llamado a la policía. Pero Ro, no. Ella instantáneamente puso en acción la segunda mitad de la Oración de la Serenidad, y reunió el valor para cambiar las cosas que podía. Junto con su esposo y sus hijos visitó la casa de los niños involucrados. Las familias terminaron dándose la mano, cantando canciones y forjando una paz que se extendió por la comunidad.

Ro creía que todos somos seres espirituales con experiencias humanas, que estamos en la Tierra para aprender a amar y a tomar la vida de manera espiritual.

La perdimos cuando cumplió 79. Al terminar su misión aquí, yo leí en el obituario que Roslyn Eugene fundó una escuela Montessori en la localidad y había sido maestra hasta los 70 años.

Ella jamás dejó de enseñar, pues creía que todos llevamos en nuestro interior una chispa de lo divino. Ro fue como el gran final de los fuegos artificiales, como un superhéroe espiritual que traspasaba las paredes. Una vez Ro caminaba por su cocina en la oscuridad cuando se dio un golpazo en la espinilla con la puerta del lavavajillas que había dejado entreabierta. En lugar de blasfemar, alabó a Dios por no haberse golpeado más fuerte.

Cuando surgió el cáncer, ella se entregó por completo. Cuando la quimioterapia hizo que el cabello se le cayera, usó un moño elástico alrededor de su calvicie, del tipo que las mamás colocan alrededor de la cabecita sin pelo de una recién nacida, para demostrar que es una niña.

Ro rejuvenecía con la edad, y aunque temimos que el cáncer terminara con la Curiosa Vida de Ro Eugene, no lo hizo. Ella estaba mejorando el día que su corazón dejó de latir, y quizá no debió de habernos sorprendido que el corazón de Ro se desgastara, pero lo hizo.

Una banderola colgaba de las vigas de la Iglesia Católica de Santa Cecilia, proclamando LUVUALL. Tras acomodar la comida para después del servicio, unos cuantos de nosotros rezamos en un círculo antes de que llegara la multitud.

Una mujer dijo que Ro le había enseñando que no hay que temer las experiencias fuertes, pues podemos con ellas.

Otra más agregó que Ro nunca decía *Estarás bien*, siempre expresaba *Estás bien.*

Yo compartí mi Ro-ísmo favorito: *No es imposible, solo es la vida.*

Además, escuché uno nuevo: *Si debiera ser distinto, lo sería.*

Luego nos reímos, pues cómo podíamos llorar por una mujer que nos había enseñado que *todo está bien; en este segundo, todo es perfecto.*

Lo era y lo es.

LECCIÓN 37

¡El mundo necesita tu **Sí**!

Ando obsesionada con un pisapapeles; no cualquier pisapapeles, sino uno que me habló mientras hacía cola en una tienda de regalos situada en Ann Arbor, Michigan. No sabía si el pisapapeles estaba a la venta o simplemente lo habían colocado ahí como un mensaje para los clientes, como un Pensamiento del Día que la gerencia de la tienda deseaba transmitir.

El rectángulo de metal grabado parecía ser un desafío: *¿Qué intentarías hacer si supieras que no vas a fracasar?*

Traté de ignorarlo, pero el pequeño bloque plateado estacionado cerca de la caja registradora me susurraba: *¿Qué intentarías hacer si supieras que no vas a fracasar?* Está bien, está bien, las palabras en realidad estaban grabadas ahí, pero juro que me habló a mí. Volteé hacia otro lado, pero el pisapapeles jaló mi manga. Le di la espalda y entonces me gritó.

Alcé el objeto y lo sostuve en mi mano para recibir una respuesta como si se tratara de una bola de cristal, pero no escuché nada. Al ver el precio, regresé el producto a su lugar porque costaba 29 dólares y jamás gasto tanto dinero en un *souvenir* para mí. Por otro lado, si lo compraba para alguien más me vería tentada a quedármelo.

No lo compré, pero me siguió hasta la casa, como una canción que se te queda pegada en la mente y no te deja en paz.

¿Qué intentarías hacer si supieras que no vas a fracasar?

¿Qué haría yo?

Escribir un libro, una obra de teatro o algunos cuentos inspirados en la pila de ideas que he ido anotando y archivando en algún rincón.

Cantaría en una obra musical o me uniría a un coro, sin preocuparme por desentonar. Si supiera que mis pies no harían sangrar a la persona junto a mí, bailaría música *country* con un par de botas rojas.

Tomaría lecciones de piano y tocaría en uno de cola frente a una gran audiencia. Me inscribiría a clases de dibujo o aprendería a pintar (periódicamente compro acuarelas y papel, pero nunca tomo el pincel).

No he descubierto esa cosa gigante que desde el fondo de mi alma grita por salir, pero a todos los que he cuestionado la identifican con facilidad. Al formular la pregunta en el salón de belleza al que voy, obtuve rápidas respuestas.

La propietaria dijo que estudiaría medicina, una de las estilistas comentó que coquetearía con todo hombre soltero, otra más dijo que se casaría y tendría hijos (su mayor miedo era fracasar como madre). Una mujer a la que le iban a cortar el cabello intervino:

—Yo empezaría mi propio negocio.

Y otra estilista aportó:

—Aprendería a bailar.

Anda, haz la pregunta y te sorprenderás ante las respuestas. Algunas personas le restan importancia y dicen que pedirían un aumento, comprarían un billete de lotería o le pedirían matrimonio a Jennifer Lopez o a Brad Pitt. Un hombre que es una exitosa personalidad en el mundo del radio, me sorprendió con su respuesta:

—Sería pianista —expresó.

Había algo mágico en torno al pisapapeles, así que llamé a la tienda para ver si todavía lo tenían. La persona que me atendió me contó que todo el mundo experimentaba la misma reacción: las personas se detienen a leer el pisapapeles y abandonan el lugar hablando de los sueños latentes que planean despertar.

Pregunté a un grupo de amigas cuáles eran sus sueños. Reunidas alrededor de la mesa del comedor un día de diciembre, escribimos nuestras respuestas y las pusimos en sobres para abrirlos el próximo año. Todas nos pusimos de acuerdo para dar un paso gigante o múltiples pasos pequeños con la finalidad de lograr nuestra meta.

Una amiga quería ir de misión a África y enamorarse un poco, no estaba lista para amar perdidamente, pero empezaba a dar pasos hacia ese objetivo. Otra quería ser parte del Cuerpo de Paz, una más deseaba un nuevo trabajo.

Desde entonces, casi todos los años nos reunimos en diciembre para meditar sobre esa pregunta o alguna variación de ella.

¿Qué haríamos si no tuviéramos tanto miedo?

Durante nuestra reunión anual, abrimos nuestros sobres sellados y descubrimos cómo nos ha sorprendido la vida. El primer año las cartas eran más que nada listas de objetivos para la superación personal, lo que incluía cosas como aprender un idioma, viajar a otro país y escribir una novela, obra de teatro o poema.

Habíamos hecho una lista de pasos pequeños y sueños grandes. Una mujer quería obtener su doctorado, otras querían nuevos trabajos, novios o aventuras. Al siguiente año profundizamos más. Las mujeres expresaron su deseo de tener un hijo, enamorarse, recuperar la salud, acercarse a Dios, sentirse menos estresadas, amar con mayor libertad.

Poner por escrito tus esperanzas y deseos ayuda a convertirlos en realidad. Nosotras hemos hecho de esto una tradición anual. Te recomiendo que reúnas a unos cuantos amigos o familiares y les des un papel en blanco. Para poder anotar tu meta, cierra los ojos y sueña en grande.

Creo que esto es mejor que los propósitos de Año Nuevo, pues tomamos turnos y compartimos lo que escribimos, a menos que sea demasiado privado.

Tratamos de empezar con el objetivo en mente y preguntarnos: *Dentro de un año, cuando abra esta carta, ¿quién quiero ser?* No en términos de ingreso, estatus o kilogramos en una báscula, sino en relación con lo verdaderamente importante. Puedes poner tu nombre y la fecha al frente, y después guardarlo junto con los adornos, adherirlo a la página de diciembre en el calendario o colocarlo en algún lugar donde escuches que te murmura su mensaje.

Yo coloco el mío en un contenedor de cerámica en forma de hada que me regaló mi amiga Vicki, el cual se encuentra en mi rincón de meditación; de esta manera, puedo rezar para que mis sueños y los de mis amigas se conviertan en realidad. Siempre es una sorpresa releer lo que escribí un año antes. A modo de ejemplo, te comento cómo me fue una vez:

Amar la vida incondicionalmente. (Bien, pues la amo.)

Perdonar a todos y todo. (Casi siempre.)

Rendirme todos los días ante la voluntad de Dios. (La mayoría de los días.)

Soltar los miedos. (Casi todos.)

Medir mi éxito al final de cada día respondiendo a esto: *¿Amaste el día de hoy?* (Progresé.)

Salir de excursión cada semana. (No, pero mi amiga Mena dice que si en un año no lo hice quizá se deba a que no deseo hacerlo. Buen punto.)

Querer más a mi mamá. (Palomita.)

Hacer a un lado la creencia de que mi trabajo me define. (Palomita.)

No permitir que la culpa me motive. (Palomita.)

Dejar de juzgar a otros. (¡Ups!)

Después de leer la larga lista, escribí una sencilla palabra en la tarjeta del año siguiente: *Creer.*

Y me parece que se está cumpliendo porque puedo sentir que le digo *sí* a la vida.

Con frecuencia se necesita una tragedia o el resultado de un examen médico o una oración de alabanza para impulsarnos a vivir. No tienes que esperar al Año Nuevo para hacerte de una página en blanco, tampoco a que el informe de patología salga positivo antes de entregarte al máximo a la vida.

Con frecuencia tratamos de aligerar nuestra existencia haciendo a un lado algo importante durante meses o para siempre. Prometemos dejar de fumar, decir groserías, beber o comer en exceso.

¿Por qué no practicar decir que sí?

¿Qué significaría decir que **sí**? Darle la bienvenida a cada día con los brazos abiertos, y al final de cada uno, pararte bajo las estrellas o abrir una ventana para beber un poco de la noche, o contemplar a tu hijo o esposo que duermen, y simplemente descansar en la quietud que te rodea. Así, al empaparte del silencio, puedes escuchar lo que Dios está pidiendo de ti y decirle que ***sí***.

Dejar a alguien que te lastima.

Quedarte con alguien que te ama.

Perdonar a la persona que más te ha lastimado.

Aceptarte como eres.

Crear aquello que temes crear.

Estar contento con las cosas como son.

Tener fe en que lo mejor está por venir.

Tomar la vida menos en serio.

Decirle *sí* a toda la maravilla y el misterio, y la incertidumbre y la alegría que este mundo tiene que ofrecer.

LECCIÓN 38

Fortalece tu poder reuniendo fortalezas.

Si tan solo tuviera..., si tan solo pudiera..., si tan solo alguien más...

Es fácil sentirse impotente ante las injusticias, los desastres naturales, las enfermedades y las calamidades. Incluso las pequeñas cosas que lastiman a la gente tienen la capacidad de hacerme sentir abrumada y estresada por la culpa de no hacer más por los demás.

Algunas veces es difícil saber por dónde empezar y debo recordarme que quizá no tenga el poder para hacer una diferencia a escala global, pero sí para hacer un mundo diferente en el pequeño lugar donde vivo y trabajo. Lo único que tengo que hacer es acceder al poder inherente a mí. Y si eso no es suficiente, puedo combinarlo con el poder de otros para que ocurran cosas sorprendentes.

Un día me contactó una mujer en el trabajo para pedirme que le ayudara a reclutar cien mujeres, con el fin de recaudar en una hora 10 mil dólares para una organización de beneficencia.

¿Qué? La idea me dejó anonadada.

Johanna Frebes tiene tres hijos, de 11, 15 y 18 años. Vive en Cleveland y trabaja como directora de cobranza en un banco. Johanna no tiene tiempo para ofrecer sus servicios como voluntaria, y no es la única, cada vez más gente se ve succionada por la vorágine de compromisos domésticos y laborales. En la actualidad, es difícil que la gente pueda entregarse a obras de caridad, pues se ha vuelto prácticamente imposible abrir un espacio en el calendario para programar dos horas a la semana y servir en la iglesia, la escuela o el vecindario.

—Siempre me sentí culpable por no poder hacer más —dijo Johanna—. Solo puedo ofrecer una hora.

En su grupo, eso es lo que se requiere y el asunto funciona de la siguiente manera:

Cien mujeres se reúnen durante una hora, de hecho, ponen un cronómetro para garantizar que las reuniones no se pasen del tiempo. Cada mujer trae su chequera y el nombre de una organización de beneficencia a la que le gustaría ayudar. Los nombres se juntan en una canasta y tres son elegidos al azar. Las tres mujeres que sugirieron esas tres organizaciones hacen una presentación de cinco minutos cada una sobre las razones por las que vale la pena votar por ellas. Luego se dedican cinco minutos a contestar preguntas.

A continuación, el grupo de mujeres vota para decidir qué beneficencia recibirá todo el dinero. Tan pronto como la organización es elegida, cada mujer hace un cheque de 100 dólares. Si no votas por esa organización en particular, debes respetar a la mayoría y hacer tu donación. En caso de no poder asistir a la reunión trimestral, tienes la opción de mandar tu cheque con otro miembro.

La mujer que sugiere la institución ganadora es la encargada de entregarle los 10 mil dólares (o más). En la siguiente reunión, ella cuenta cómo se usó el dinero y qué impacto tuvo.

Esta es la solución perfecta para quienes están ocupados y no encuentran el tiempo para hacer su donativo, desean que el 100 por ciento de su dinero sea destinado a una caridad de la localidad, y quieren ser parte de un grupo de gente generosa y sensible que hace la diferencia.

Qué gran manera de maximizar el impacto y minimizar la incomodidad. Mediante esta forma de donar no hay situaciones como "el cheque ya fue enviado por correo", no hay tesorero, no hay administrador del efectivo, no hay presupuesto para las operaciones, las reuniones de planeación duran una eternidad. Tampoco hay caminatas, carreras, subastas, cenas o bailes a los cuales asistir. Tan solo se trata de una reunión de 60 minutos que se da cuatro veces al año.

Johanna y su amiga Kassy Wyman lanzaron un sitio en la red, 100+ Mujeres que se Preocupan (100+ Women Who Care: http://100womenwhocarecleveland.weebly.com), en el área metropolitana de Cleveland. A través de un artículo periodístico, Johanna se enteró de que en otras ciudades están surgiendo otros grupos de 100+ Mujeres que se Preocupan. En Dayton, el grupo recaudó 18 mil dólares por reunión, dinero que sirvió para renovar el salón de computación del Club de Niños y Niñas, ayudó a una familia de refugiados de Ruanda, envió a veteranos de la Segunda Guerra Mundial a Washington, D.C., para que visitaran monumentos conmemorativos, y pagó el cuidado dental de hombres y mujeres sin hogar para que pudieran volver a sonreír.

El generoso círculo fue creado por Karen Dunigan en Jackson, Michigan; la primera reunión, en 2006, recaudó 10 mil dólares para comprar 300 cunas.

Algunas integrantes apartan diariamente un poco de efectivo para ir reuniendo su contribución. Otras involucran a toda su familia y cada día alguien pone un dólar en la alcancía.

Nuestra primera reunión fue emocionante; nos quedamos sin sillas conforme la multitud crecía en la parte trasera de un club nocturno, lugar extraño para llevar a cabo una reunión exclusivamente femenina. En seguida nos sentimos como hermanas, y cada una firmó una carta de compromiso y eligió una organización de beneficencia.

Conocí mujeres que se encontraban ahí para hablar de la Liga Protectora de Animales, la Sociedad Histórica, la Red de Adopción, las Organizaciones de Servicios Unidos (USO, por sus siglas en inglés) y los proveedores de uniformes para los niños en edad escolar. Fue interesante conocer un poco sobre las organizaciones que les hablaban a los corazones de las otras mujeres presentes. Yo elegí The Gathering Place, que ofrece servicios gratuitos para cualquier persona que haya sido tocada por el cáncer.

Las organizadoras nos dieron una breve bienvenida, ajustamos el cronómetro y nos pusimos a trabajar. La belleza del asunto es que entras, das y sales, todo en un lapso de una hora.

Depositamos nuestras propuestas en una canasta y tres fueron elegidas al azar: el programa Nurturing Independence and Aspirations (Fomento de la Independencia y las Aspiraciones) de la YWCA, el First Tee (Primer Tee) de Cleveland y el Centro de Violencia Doméstica.

Una mujer argumentó a favor de la YWCA, institución que ayuda a niñas que por su edad ya no pueden ser parte del cuidado tutelar y no tienen a dónde ir. Una vez que las chicas cumplen 18 años, deben dejar el cuidado asistencial con una gran bolsa de plástico llena de lo poco que poseen en este mundo. Muchas de ellas terminan sin hogar a los pocos meses. En ese momento, la YWCA se encontraba construyendo 22 departamentos para estas chicas, así que si elegíamos esta organización el dinero cubriría los gastos de sábanas, utensilios de cocina y otras necesidades de la vida cotidiana para que cada chica pudiera arrancar.

La audiencia soltó una ráfaga de preguntas sobre las cuestiones específicas de los departamentos, las chicas y la necesidad;

después de su discurso de cinco minutos, y los otros cinco minutos de preguntas y respuestas, sonó el cronómetro.

Otra mujer nos instó a elegir el First Tee, organización que enseña a los niños de los barrios marginales, con edades de 7 a 18, a vivir valores esenciales a través del golf: honestidad, integridad, espíritu deportivo, respeto, confianza, responsabilidad, perseverancia, cortesía y pensamiento crítico. El dinero recaudado ayudaría a cubrir un gran número de necesidades, incluyendo programas de extensión escolar y becas universitarias.

La última mujer nos exhortó a dirigir el dinero recaudado al programa de violencia doméstica para adultos mayores de 60 años, que son víctimas de abuso por parte de sus propios hijos, cónyuges y personas a cargo de su cuidado.

—Existe la creencia de que es demasiado tarde para ayudar —dijo ella—, pero el lema del grupo es: *Hacer del mañana algo mejor que tu ayer.*

Ding.

Era momento de votar, así que cada una de nosotras escribimos el nombre de una de las tres organizaciones en un papel azul que aventamos a la canasta. A continuación, sacamos nuestras chequeras. ¡Qué emocionante sería ser el ganador y dirigirte a la organización de tu elección con una pila de cheques que daban un total de 10 mil dólares!

Fue un empate y no sabíamos qué hacer. Algunas propusieron dividir el dinero entre las dos organizaciones; otras, dejarlo a un volado. Mientras tratábamos de decidir cuál sería el destino de la donación, una mujer que había venido a observar la reunión firmó la forma de compromiso y lanzó un voto que deshizo el empate. Ganó el programa de la YWCA.

En realidad, todas ganamos, pues logramos recaudar 10 mil dólares en una hora. Cada una de nosotras usamos nuestro poder y, al combinarlo, lo hicimos 100 veces más poderoso.

LECCIÓN 39

Aquello en lo que piensas llega a ti.

Me encanta la calcomanía para autos que dice: NO CREAS EN TODO LO QUE PIENSAS.

Qué barbaridad, las tonterías que mi cerebro puede hacerme pensar, los miedos, los resentimientos, los dramas. Es como si fuera un cine cuya proyección algunos días se concentrara en las peores películas de serie B.

Mi amigo Aaron, que es alcohólico en recuperación, una vez dijo algo profundo:

—Mi cerebro está tratando de matarme.

Aunque me reí, supe que también era cierto en mí.

Imagina si pudieras grabar todos esos pensamientos y volverlos a escuchar. Yo no seguiría siendo amiga de alguien que tuviera una actitud tan crítica y negativa sobre mi persona. O bien, como dijo otro amigo en recuperación:

—Necesito desalojar a esas personas que viven en mi cabeza sin pagar renta.

Una vez que desalojas esos pensamientos, puedes invitar a pasar a otros.

¿No sería increíble poder ver tus propios pensamientos desde cierta distancia? Adoro ese dispositivo en los libros de Harry Potter mediante el cual puedes bajar lo que está en tu cerebro y ver la densa neblina de pensamientos y recuerdos que se arremolina en tu mente. Se llama *pensadero* y parece como un tazón grande y poco profundo, hecho de piedra. Este dispositivo ficticio le permite a alguien extraer sus recuerdos o pensamientos y revisarlos más tarde desde el punto de vista de una tercera persona, y realmente contemplar los patrones, enlaces y hábitos de pensamiento que abruman la mente o la liberan.

Por lo general, los pensamientos que me bombardean son formas diversas de inseguridad. ¿Quién, en su interior, no se siente como un perdedor? Al parecer, muchos de nosotros nos sentimos así. Alguna vez leí un artículo en el *Wall Street Journal*, que hablaba sobre el comentario cáustico que habita en nuestra mente. El encabezado me atrapó: *Acalla la voz que dice que eres un fraude.*

Resulta que muchos de nosotros albergamos un parásito, un crítico interior, un compañero de habitación que se comporta de muy mala manera. Incluso la gente que parece tan exitosa en el exterior (doctores, ejecutivos y académicos) pueden tener un compañero constante en su cabeza que les da batalla y les dice que no son lo suficientemente buenos.

¿Las mujeres sufren más que los hombres? El veredicto es unánime. Yo soy culpable de pensar en demasía, como la mayoría de las mujeres que conozco. Pareciera que los hombres tienen un botón de APAGAR y pueden escuchar malas noticias justo antes de irse a la cama, preocuparse dos minutos, decir *buenas noches* y ponerse a roncar. Mientras tanto, sus esposas se quedan la mitad de la noche rumiando esas malas noticias.

Los hombres parecen irse a su cueva para escapar del ruido; quizá ni siquiera tengan ruido en su cabeza y se escabullen para huir de lo que chorrea de nuestros cerebros escandalosos. Rara vez sé lo que los hombres están pensando y cuando les pregunto a mi esposo o hijos, ellos por lo general contestan: *Nada.*

Eso no es cierto respecto a todos los hombres. He conocido a unos cuantos que sufren sin piedad, por ejemplo mi amigo Rob, que sale a dar un paseo diario con sus dudas y se azota por aquello que ve como imperfecciones y errores desde su subjetiva percepción. Él llama a esta rutina su *flagelo diario*.

Como el de Rob, mi cerebro fabrica todo tipo de tonterías, y aunque parece que carezco del botón de APAGAR, al menos estoy aprendiendo a bajar el volumen de la autocrítica. Tuve que hacerlo después de haber sacado tan alto puntaje en un cuestionario del *Wall Street Journal* que medía cuán autocrítico puedes ser. En una escala de actitud disfuncional, mi resultado quedó en la categoría de *alto nivel de autocrítica y perfeccionismo*.

Constantemente creo que caeré de la gracia de la gente si cometo algún error, cuando lo más probable es que esa gente ni siquiera piense en mí. Pero como soy columnista, si no están de acuerdo algunos lectores despotrican en mi buzón de voz y dejan comentarios desagradables en mi *blog*, así no siempre me resulta fácil hacer de lado lo negativo.

He intentado sustituir lo negativo con lo positivo, pegando afirmaciones dentro del gabinete de medicinas en el baño para leerlas por la mañana. Lo que realmente marcó el cambio fue cuando me di cuenta de que mis pensamientos tienen el poder de crear mi vida. ¿Qué tipo de vida quieres crear? ¿Temerosa? ¿Amigable? ¿Gozosa? ¿Melancólica?

Con frecuencia hago una pausa para preguntarme: *¿Quieres ser feliz?* Y a continuación me digo a mí misma: *Entonces, pensemos y actuemos así.*

Analicemos que la pregunta es: *¿Cómo desalojamos al crítico interior?*

Los terapeutas que he visto a lo largo de los años, los libros que he leído y mis amigos en programas de recuperación ofrecen un gran número de consejos para lograrlo:

Ten un diario y registra tus pensamientos. Después de un tiempo de escribir, échale una ojeada a tu escritura para ver cuáles son los patrones que te están atorando y entonces decide cómo romper dicho patrón con nuevos pensamientos y acciones.

Practica liberar pensamientos negativos tan pronto como vengan a ti y reconozcas que no son sanos. Descubrí que era útil llevar conmigo un pensamiento superpositivo escrito en una tarjeta en mi bolsillo, el cual utilizo como una herramienta para *sustituir los pensamientos.* Leo esa frase y la repito una y otra vez cuando la duda parece invadirme, y funciona de esta manera: pensamiento adentro, pensamiento afuera.

Centra tu atención en cómo puedes ayudar a los demás. Cuando te sientas inseguro, ayuda a alguien más y sal de ti mismo.

Usa la distracción para combatir el exceso de pensamientos. Cada vez que te descubras estancado en la preocupación, repite algo que te aligere y distraiga de ese desasosiego. Utiliza una palabra que te arranque de lo negativo, como *helado, girasoles, vacaciones.*

Dedica media hora al día para pensar en exceso. Aparta un momento específico para hacerlo, pero recuerda durante el resto del día que *ahora no es el momento* y haz a un lado el parloteo mental.

Al final de cada semana, escribe los pequeños logros, victorias y bendiciones con que puedes regocijarte.

También me han ayudado los consejos de mis amigos en recuperación. Ellos siempre me insisten en que someta mis pensamientos a una auditoría, que no crea en todo lo que pienso y que cuestione mis pensamientos para ver si se basan en hechos o en ficción. Con el tiempo, aprendí a hacer una pausa para preguntarme:

¿Es este pensamiento un hecho o es una falacia que he conjurado y me asusta?

¿Existe una prueba sólida que respalda esto como un hecho?

¿Retener este pensamiento enaltece mi vida o la merma?

¿Pensar de esta manera aumenta o disminuye mis posibilidades de ser más feliz, gozosa y libre?

¿Pensar de esta manera me acerca a la alegría que quiero en mi vida o me aleja de ella?

Pop, pop, pop, pop. Esas preguntas revientan cada burbuja de pensamiento que viene a mí. Ríete todo lo que quieras, pero inténtalo.

Yo todavía sigo trabajando en los residuos del mensaje crónico: *No soy suficiente*. Un verano en la playa recé para ser liberada de una vez por todas. Miré hacia el horizonte y pregunté: *¿Cuándo podré creer que soy suficiente? ¿Cómo podrá curarse esta herida?*

La respuesta llegó con una presteza y un volumen que me permitieron escucharla a pesar del estruendo de las olas que rompían: *Ayudando a otros a creer en sí mismos.*

¡Bingo!, hasta a mi crítico interior le gustó esto.

LECCIÓN 40

Enfócate hacia lo más alto.

Bonnie St. John perdió la pierna derecha cuando tenía cinco años de edad, debido a un padecimiento óseo.

Con humor, ella habla de sí misma como la chica afroamericana de una sola pierna, a quien le encanta esquiar, aunque vive en San Diego (sin mucho dinero).

Como mujer afroamericana con una sola pierna, Bonnie ha tenido que enfrentarse a más obstáculos que la mayoría de la gente. Sobrevivió al abuso sexual infantil, la disfunción familiar, el divorcio, la discriminación racial y de género y la navegación por el mundo con un miembro artificial. Conocí a Bonnie en una conferencia impartida en Worcester, Massachusetts; me tocó dar la conferencia de apertura en la mañana, a ella, en la tarde.

Aunque Bonnie llevaba una falda larga, dejaba ver su pierna de titanio. Me encantó el hecho de que no intentara disimular su miembro artificial.

—¿Quieren ver un milagro? —preguntó a la multitud.

Entonces caminó por el escenario, ante lo cual la audiencia empezó a aplaudir con entusiasmo.

Con frecuencia, Bonnie visita hospitales para hablar con personas que enfrentan obstáculos al parecer insuperables, como alguna vez lo fueron para ella. En una de sus visitas, conoció a una madre cuyo hijo de 13 años se había quemado terriblemente el rostro y los brazos. La madre le preguntó a Bonnie si su hijo viviría alguna vez una vida normal.

Yo supuse que Bonnie prometería un *por supuesto*, pero me dejó pasmada con su respuesta.

—No —dijo ella—, él debe esperar más de la vida.

Sin duda, eso fue lo que hizo Bonnie ante sus propias dificultades.

Una vez que dejó de intentar tapar su pierna, una vez que dejó de desear ser como todos los demás, una vez que se dio cuenta de que lo "normal" está sobrestimado, ella se atrevió a soñar con una vida que superara los parámetros de lo ordinario.

Esa pequeña niña a quien le amputaron la pierna acabó siendo la primera persona afroamericana en ganar una medalla olímpica en carreras de esquí. Bonnie obtuvo una medalla de plata y dos de bronce en esquí de descenso durante los Juegos Paralímpicos de 1984 en Austria.

Además, sus objetivos también fueron muy altos en otras áreas de su vida, pues se graduó con honores de la Universidad de Harvard y obtuvo una Beca Rhodes para Oxford. Aunado a esto, fue contratada como miembro del Consejo Nacional de Economía de la Casa Blanca durante la presidencia de Bill Clinton.

Su meta consiste en distribuir alegría y alentar a las personas a deleitarse en la felicidad que ya tienen. Bonnie no solo cuenta con una lista de pendientes por hacer, sino también por sentir.

Ella es autora, asesora ejecutiva y ponente motivacional, cuyas palabras terminaron impresas en un vaso de Starbucks por todo el país: *Yo iba a la delantera en el eslalon, pero en la segunda vuelta todos caímos en una zona peligrosa. A mí me ganó una mujer que se paró más rápido que yo. Aprendí que cuando las personas caen, los ganadores se levantan y los que obtienen la medalla dorada simplemente lo hacen más rápido.*

Qué manera tan maravillosa de ver la vida. Todo el mundo tropieza, pero los ganadores son los que se levantan más rápido y se siguen moviendo.

Tantos de nosotros, incluida yo, queremos que la vida regrese a la normalidad cuando nos caemos, cuando nuestra existencia jala el tapete sobre el que estamos parados. Al recibir el diagnóstico de cáncer de mama a los 41, quise que mi vida regresara a la normalidad y pensé que todo se acomodaría después de la cirugía, la quimioterapia y la radiación, pero no fue así. De toda la experiencia, pude establecer un nuevo parámetro de normalidad, uno mejor.

Los tratamientos para el cáncer me forzaron a desacelerar mi vida, a reordenar mis prioridades, a decirle ***no*** a lo que no era vida y ***sí*** a lo que efectivamente lo era.

El cáncer me forzó a esperar más de la existencia. Las cicatrices de mi doble mastectomía me recuerdan diariamente que debo decirle *sí* a la vida. ***Sí*** a escribir los libros que siempre quise escribir, ***sí*** a pasar tiempo con la gente a la que más amo, ***sí*** a abrazar la alegría en cada momento.

Por todos lados hay gente que vive existencias que son mucho mejores que lo normal.

Hace años entrevisté a un hombre que perdió la mano en un accidente de trabajo. Para Ralph Colon perder una mano fue más que quedarse sin un miembro. Durante 28 años, él había trabajado en Cardinal Fasteners and Specialties, una compañía de tornillos y abrazaderas en un suburbio de Cleveland. Ralph se encontraba revisando la máquina forjadora de tornillos (esos gigantes que llegan a pesar 40 kilos) cuando tuvo que hacer un rápido ajuste. Al momento de meter su mano, alguien accidentalmente pisó un pedal que liberó un embrague; aunque sacó rápidamente el brazo, fue demasiado tarde: la máquina trituró su mano izquierda.

Había sangre por todos lados cuando el helicóptero llegó para transportarlo al hospital más cercano. Todos sus dedos habían muerto, y si bien los doctores intentaron salvarle el pulgar, les fue imposible hacerlo.

¿Cómo fue ese primer año?

—Me esperaba un arduo camino —dijo Ralph.

La amputación le pegó en la esencia de lo que significaba ser un hombre para él. Durante mucho tiempo se sintió incompleto y un pensamiento no dejaba de atormentarlo: *¿Para qué sirvo ahora?*

Ralph nunca antes había necesitado ir a una terapia, ni siquiera se tomaba una aspirina cuando le dolía algo, pero si no hubiese sido por los terapeutas y los antidepresivos estaría muerto.

—Me habría quitado la vida —me dijo.

Ralph siempre trabajó con sus manos: los frenos de su coche, el sistema eléctrico en la casa, la plomería. Un abogado sugirió que viviera de la pensión para discapacitados del Seguro Social o de una indemnización laboral.

Sin embargo, Ralph decidió que tendría que esperar más de la vida para volver a sentirse completo, así que inició su propio negocio de mensajería, al cual llamó R.L.C. Star Services.

R de Ralph, L de Luana (su esposa, su pilar), C de Colon.

Y Star porque cuando ve los ojos de Luana *es como si una estrella estuviera envuelta de azul.* Ella lo sostuvo durante esos momentos en que casi se pierde por el pesar de toda la situación.

Actualmente, Ralph usa una mano biónica con la que puede hacer cosas como levantar una lata de refresco. En ocasiones, el miembro artificial se abre y cierra en contra de su voluntad, y si bien se siente agradecido, algunos días todavía son difíciles.

—Tengo mis días —dijo—. De vez en cuando siento que no valgo nada.

Durante esos momentos, se sienta junto a su pecera y ve nadar a los peces hasta que los malos pensamientos se diluyen. Por un tiempo también estuvo enojado con Dios, pero ya no.

—Siempre estaba buscando desafíos; creo que el Señor me otorgó uno —dijo riendo.

Ahora puede nuevamente jugar billar, manejar su moto y conducir un camión.

—Es tan fácil rendirse, tan fácil —dijo—, pero si encuentras una forma de hacer que las cosas funcionen todo el panorama se transforma.

A Ralph le gusta contarle a la gente sobre la montaña que escaló y cómo se ve el paisaje desde el otro lado, ahora que su negocio es un éxito. A partir de su experiencia, Ralph ofrece este consejo:

—Conserva tu fuerza y no tengas miedo de empezar a hacer cosas con lo que tienes.

No tengas miedo de esperar más de la vida.

LECCIÓN 41

Haz realidad el sueño de alguien más.

Nunca es demasiado tarde para cambiar el curso de la existencia. Hace seis décadas, Leonard Czartoryski tenía perfectamente planeada su vida como dentista.

Durante la Segunda Guerra Mundial sirvió tres años en la Armada, como artillero desde los aviones. Después regresó a casa y solicitó el financiamiento que les otorgaban a los soldados para realizar sus estudios. Leonard se inscribió en la Universidad John Carroll en el verano de 1946. Su esposa, Joanne, criaba a sus cuatro hijos mientras él trabajaba durante el día e iba a la escuela en la noche.

Cuando Leonard llenó solicitudes para distintas escuelas de odontología, escuchó opiniones negativas respecto a su complicado apellido. ¿Quién querría acudir a un dentista polaco? Toda esta burla le incomodó, pero no lo detuvo.

Con ilusión, compró un anillo de ámbar para la graduación de 1949, en el que estaban inscritas las palabras *John Carroll University*. Leonard lo usaba orgullosamente, a pesar de que sería hasta 1956 cuando terminara la carrera.

Él había entregado el último ensayo y solo le quedaba un examen final por presentar. El día de la prueba, una gran tormenta invernal llegó a Cleveland, de modo que le fue imposible conducir a través de la nieve, pues era demasiado profunda y había mucho viento. El profesor no le creyó, se burló de su ascendencia polaca e insistió en que Leonard repitiera todo el curso.

El joven no soportó esto, y como no podía cuestionar a la autoridad, pues en 1956 los hijos de inmigrantes debían aceptar lo que se les asignara en la vida, abandonó desalentado la universidad.

Leonard se quitó su anillo universitario y cambió su apellido al de Cartor, para proteger a sus hijos de cualquier prejuicio que pudieran enfrentar por el peso étnico de su apellido.

Durante las siguientes tres décadas, trabajó en Lincoln Electric y crio a tres niños y una niña que crecieron escuchando el relato de cómo papá estuvo a punto de terminar sus estudios universitarios. Leonard se jubiló en 1985 y se mudó a Port Charlotte, en Florida. A los 85 años seguía sintiendo el dolor del sueño negado.

Sucedió que un día, su hijo Tom le contó la historia del título universitario fallido a una amiga, Margaret Lahner. A ella le molestó tanto el incidente que le escribió a Robert Niehoff, el director de John Carroll, y le pidió que la escuela le otorgara al Sr. Cartor un título honorario. En ese momento, Tom no le dijo nada a su papá, pues no quería esperanzarlo en vano.

Resultó que Leonard no tenía suficientes créditos para el grado que se había propuesto obtener, pero Beth Martin, decana asociada del colegio de Ciencias y Humanidades, al cotejar sus viejos expedientes académicos con los catálogos de 1949 a 1956 descubrió que Leonard había obtenido créditos suficientes para graduarse con un título en sociología.

Tom llamó a su mamá, pues no quería decirle a su padre por teléfono; temía que la sorpresa le ocasionara otro infarto.

Su madre rompió en llanto cuando Tom le dijo:

–John Carroll quiere darle a papá su diploma.

Cuando Leonard escuchó las noticias, no pudo hablar. Simplemente fue a su cuarto, abrió el alhajero y hurgó entre la pila de mancuernillas y broches de sus 10, 20 y 30 años de servicio en Lincoln Electric. Ahí estaba.

El anillo de graduación ambarino todavía brillaba, y aunque no le quedaba en el dedo anular tras todos esos años de enroscar bobinas que habían dado como resultado unas manos hinchadas y llenas de callos, Leonard lo deslizó por su meñique.

Cuando los 990 graduados se formaron aquella primavera, Leonard no estuvo presente. Su cuerpo, que tenía que recibir oxígeno, era demasiado frágil como para hacer el viaje. Sin embargo, sentado en la sección de gente importante, su hijo Rick recibió el papel cuando escuchó el nombre de su padre: Leonard N. Cartor.

El título que había ganado hacía 50 años por fin era suyo; el hombre se convirtió en graduado universitario a la edad de 85.

Los graduados de John Carroll no fueron los únicos en escuchar su nombre, pues otro grupo numeroso también se enteró de la historia.

Denise San Antonio Zeman, presidenta y directora ejecutiva de la Fundación Saint Luke, leyó mi columna sobre este sueño hecho realidad. Ella decidió cambiar su discurso de graduación para la Escuela de Odontología Case Western Reserve y relatarle a la Generación de 2009 la historia de Leonard Czartoryski, quien 63 años antes soñó con ser dentista.

Denise resumió el viaje que Leonard emprendió, desde su servicio en la Segunda Guerra Mundial hasta sus clases nocturnas en John Carroll, la tormenta de nieve y el maltrato por su apellido. Les contó a los graduados que Leonard se había esforzado mucho para obtener su título, pues también debía trabajar para mantener a su esposa e hijos, pero no logró cumplir su sueño.

La familia de Leonard más tarde derramó lágrimas al saber que cada graduado en la Case Western Reserve había escuchado esto que Denise les dijo:

> *Hoy, mientras reciben sus títulos de dentistas, un hijo recibe en nombre de su padre –demasiado frágil para viajar– el título que le ha otorgado la Universidad John Carroll. Leonard, cuyo dedo anular está calloso e inflamado, ahora lleva con orgullo el anillo de graduación en el meñique.*
>
> *Les pido a ustedes, quienes han cumplido su sueño de convertirse en dentistas, que hagan una pausa por un momento y piensen en la historia de Leonard Czartoryski, una historia de un hombre que soñó con pararse donde ustedes se encuentran hoy, pero por azares del destino fue conducido en distintas direcciones hasta hoy, el día en que su sueño de obtener un diploma universitario se ha convertido en realidad.*

Denise les dijo a los graduados que todas las personas a las que conocieron durante los últimos cuatro años llegaron a sus vidas por una razón, una temporada o para toda una vida:

> *Quizás algunas de las personas a las que han conocido a lo largo de este viaje estuvieron aquí para enseñarles una importante lección. O tal vez ustedes entraron en la vida de alguien por un motivo particular: un paciente cuyo dolor aliviaron, un niño al que inspiraron por el hecho de haberle dado su primer cepillo de dientes.*
>
> *Mi esperanza es que cuando alguien a lo largo del camino te pida ayuda, recuerdes que quizás hay una razón para entrar en su vida.*

Leonard Cartor no pudo convertirse en dentista, pero tuvo la oportunidad de cambiar el final de la historia, y también influir en el inicio de las vidas de esos recién graduados: por una razón, una temporada y, quizá, para toda la vida.

LECCIÓN
42

Triaje.* *Establece prioridades.*

La competencia de ambulancias inició cuando a cada brigada de rescate se le dio una hoja mecanografiada donde se planteaba el problema al cual nos enfrentaríamos:

Tu unidad debe acudir a la escena de un accidente automovilístico a las 3:30 p.m. de un domingo. La temperatura es de 1 grado y lo que era nieve se ha convertido en lluvia. Al llegar a la escena, observas que un auto se deslizó hacia un poste, ocasionando que el tanque de gasolina se rompiera y derramara una gran cantidad de combustible sobre el área. El motor sigue encendido, y una multitud se acerca mientras tú te diriges al auto y descubres lo siguiente:

La víctima número uno, el conductor del vehículo, está desplomada sobre el volante. Tiene una herida profunda sobre el puente de la nariz que se extiende hasta el lado derecho de la mejilla, sangra moderadamente. La víctima está semiconsciente y revela una fea deformación a la altura del tobillo de la pierna derecha, donde también hay un sangrado severo. Mientras tratas de ayudarle, parece querer decirte algo.

* N. de la T. Forma castellana de la voz francesa *triage*, cuyo significado explica la autora en esta lección.

La víctima número dos, el pasajero, está inconsciente y apoyada sobre la puerta del auto.

Tiene una cortada de aproximadamente 12 centímetros a lo largo de la frente, a la altura del nacimiento del cabello, la cual sangra copiosamente. Ambas muñecas parecen deformadas.

¡Andando!

Nuestro equipo se puso en acción para atender a las víctimas simuladas en el piso del gimnasio. Rápidamente hicimos un balance de la situación para identificar lo urgente: controlar el sangrado en ambas víctimas usando presión directa, apagar el motor del auto, advertirle a la multitud que no fume, llamar a la policía y a los bomberos, revisar otras heridas, buscar pulseras de advertencias médicas, tratar a ambos heridos, atender su estado de *shock*, inmovilizarlos para su transportación ante la sospecha de heridas en cabeza, cuello y espalda, entablillar las muñecas de la víctima número dos.

Finalmente, ganamos la competencia a nivel estatal en 1977, cuando yo era técnica de emergencias médicas del Servicio Voluntario de Ambulancias de la Universidad Estatal de Kent. En aquella época también trabajé en una funeraria que ofrecía un servicio de ambulancias para mi ciudad natal, cuando las funerarias en los pequeños pueblos estaban a cargo de este tipo de transportación y no el departamento de bomberos.

Además de los primeros auxilios que pueden salvar una vida, el entrenamiento para certificarme como técnico de emergencias médicas me enseñó a priorizar para el resto de mi vida. Los instructores nos inculcaron una palabra: *triage*.

Triaje es la forma como determinas la prioridad para tratar a los pacientes de acuerdo con lo crítica que sea su condición. Como no todos pueden ser atendidos al mismo tiempo, el triaje es el método a través del cual puedes seleccionar con base en la prioridad y elegir en qué orden atender a todos. La palabra proviene del francés *trier*, que significa "clasificar" o "seleccionar". Durante la Primera Guerra Mundial, los doctores franceses en los campos de batalla establecieron este sistema para decidir cómo dividir a los heridos.

Al llegar a la escena de un accidente no tratas de inmediato a la persona que más grita, ni a la que sangra profusamente ni a la que se queja con mayor insistencia. Lo que haces es revisar la situación en conjunto tan rápido como puedas para atender a la persona cuya condición sea la más crítica. ¿La persona tiene pulso? ¿Está sangrando? Las condiciones ligadas al corazón y las vías respiratorias son más urgentes que las de fracturas y sangrado. Puedes aplicar este concepto en casa, cuando todo mundo demanda atención al mismo tiempo.

Se nos enseñó el ABC (por sus siglas en inglés): vías respiratorias, respiración, circulación. Las heridas que amenazan la vida son las primeras que deben atenderse, después las que pueden salvar un miembro; por último, todo lo demás. Practicamos en simulacros de desastre donde había muchas personas involucradas y debes elegir rápidamente a quién puedes salvar y a quién no, quién necesita cuidado y traslado inmediatos y quién debe esperar.

Al principio, uno se siente abrumado y se pregunta por dónde empezar, pero cuando pasa ese instante de confusión lo que hay que hacer es identificar a las personas que necesitan atención primero, aquellas para quienes el cuidado y transportación inmediatos pueden hacer la diferencia entre la vida y la muerte. Es muy importante no distraerse ante la inmensidad y el drama de la situación y colocar a cada víctima dentro de una categoría.

Las víctimas urgentes son la prioridad máxima, pues necesitan atención inmediata para salvar la vida o un miembro. Como requieren resucitación cardiopulmonar o cirugía, deben ser transportadas primero. Su supervivencia está en riesgo, así que se deben estabilizar y trasladarlas a toda prisa.

Las víctimas de alta prioridad se encuentran más estables, pero deben ser vigiladas atentamente y recibir atención médica y cuidado en pocas horas, de lo contrario podrían convertirse en heridos de prioridad urgente.

A pesar de que las víctimas no urgentes requieren cuidado médico, pueden esperar a ser atendidas por un doctor y quizá ni siquiera tengan que ir a la sala de urgencias.

Uno puede aplicar también el concepto de triaje a otras ocupaciones. Una vez estuve en un salón de clases y observé que la maestra impuso su autoridad mediante este método.

—Solo quiero ver manos levantadas si están sangrando o quemándose, todo lo demás puede esperar —les dijo a los estudiantes.

Alguien alzó la mano.

—¿Estás sangrando o en llamas? —preguntó la maestra.

La mano descendió.

Yo utilizo el concepto de triaje para mantener mi vida en equilibrio. Hago una pausa para sopesar cualquier situación y decido con base en los recursos que tengo dentro de mí, y a mi alrededor en ese momento, lo que puedo hacer y lo que no. Es un proceso fluido y cambiante, dependiendo del día en que me encuentro y de la calamidad o la tranquilidad dentro y fuera de mí.

Cada día ordeno mis prioridades y el lema *primero lo primero* es el que me guía. Esas palabras se originaron de las Escrituras, *Busca primero el reino de Dios y su justicia, y todo lo demás te será dado por añadidura.* Ese pensamiento me ayuda a priorizar mi día, así que antes de lanzarme al trabajo caigo de rodillas. La oración y la meditación son mi salvavidas y me dan la claridad necesaria para distinguir durante el resto del día lo que me corresponde hacer y lo que no.

En aquellos momentos en que el mundo me jala en una docena de distintas direcciones y no puedo decirle que sí a todos, me entrego al triaje: ¿qué es lo más vital? Mi relación con Dios viene primero. Después, mi salud. A continuación, mi familia. Lo siguiente, mis amigos más cercanos. El próximo renglón es para mi trabajo/misión en la vida. Por último, la comunidad que me rodea. Si no estoy segura de por dónde empezar, lo hago con lo que se encuentra primero en la lista, no lo último. Algunas semanas estoy tan ocupada que no llego al estrato final, pero las relaciones más importantes no sufren las consecuencias.

Incluso hice un gran tiro al blanco sobre una cartulina para permanecer concentrada en lo que es importante y lo que no. En el centro del tiro al blanco escribí mi nombre, el de Dios y el de las personas a quienes más amo (mi esposo, mis hijos y mi nieto). En el siguiente círculo puse los nombres de mis hermanos, mi mamá y mis amigos más cercanos. En el tercer círculo escribí los nombres de los amigos y conocidos más distantes. En el último círculo anoté todos esos proyectos prescindibles y preocupaciones que no tienen poder ni influencia sobre mi vida. La mayoría de los días jamás llego a ese círculo exterior, pero está bien porque he atendido a la gente y las cuestiones más importantes para mí.

Si conoces tu tiro al blanco y apuntas bien al centro no pierdes mucha energía en los anillos exteriores que no son urgentes e importantes. En vez de utilizar una escopeta para darle al blanco y dispersar tu energía por todos lados, puedes usar el método del rifle, el cual te permitirá concentrarte en un punto claro en el centro.

Ver ese objetivo me ayuda a darme cuenta de que no debo lidiar con algunas prioridades. No puedo salvar a cada persona ni luchar por cada causa. En esos anillos exteriores del tiro al blanco escribo cosas que me preocupan y de las cuales tengo poco poder para cambiar, como el calentamiento global, las ballenas, los políticos de Corea del Norte.

Me doy permiso de liberar aquello que no puedo salvar, todos esos proyectos, planes y gente que no son mi responsabilidad. Hago una pausa, los integro a todos en una oración, los bendigo y los libero.

Y al hacerlo, también me libero para manifestar mi mejor ser donde más se me necesita.

LECCIÓN 43

Un santo es alguien que sabe cuánto lo ama Dios.

Mi mamá tiene una caja sagrada de madera en su habitación, la cual cuelga de la pared que está frente a su cama. Detrás de la ventanita de cristal que cierra la caja, uno puede ver una docena de nichos redondos del tamaño de una moneda de 25 centavos; en cada uno, detrás de una capa de vidrio, hay reliquias de santos, fragmentos óseos no mayores que una motita.

La presencia de los santos en nuestra casa era fuerte, grandiosa. Una estatua de María de 1.20 metros, parada sobre un arcón de bodas de cedro, contemplaba a mis padres en su recámara durante la noche. Cómo concibieron ellos 11 hijos es algo que todavía no puedo descifrar.

Crecimos leyendo *Las vidas de los santos,* que era literatura católica estándar en cada casa. Después de unos cuantos capítulos, te enterabas de lo que implicaba la santidad, lo cual no era bonito. A los santos se les decapitaba, quemaba vivos, torturaba y violaba. Parecía como si solo vírgenes y mártires pudieran calificar para la canonización, pues la santidad requería sufrimiento y sacrificio sobrehumanos.

Todos recibimos tres nombres: el primero, el de en medio y nuestro nombre de confirmación. Al momento del nacimiento, los padres elegían el nombre de un santo, que sería el modelo y guardián del niño.

Para elegir nuestro nombre de confirmación tuvimos que echarle una ojeada a las vidas de los santos y descubrir cómo fueron martirizados. Durante el Halloween en la Escuela de la Inmaculada Concepción se nos alentaba a vestirnos como santos. La mayoría de los niños elegía disfraces para representar a San Patricio, quien con su báculo ahuyentaba a las serpientes; a San Francisco con su túnica color marrón y una soga por cinturón; a San Nicolás, en su disfraz de Santa Claus. Unas cuantas niñas trataban de lograr la hazaña de vestirse como Juana de Arco, pero las monjas desaprobaban el uso del maquillaje para representar las quemaduras.

El Vaticano estableció reglas sobre la identificación de un santo verdadero, se necesitaban pruebas en la forma de milagros (al menos tres). Había un santo para cada ocasión, enfermedad y problema. San Cristóbal servía como el santo patrono de los viajeros, así que su figura se encontraba adherida magnéticamente al tablero de nuestro auto, hasta que vino un Papa y lo bajó de categoría.

San José es el santo patrono de los vendedores de bienes raíces. Si no puedes vender una casa, entierras al santo de cabeza en el patio y un letrero de VENDIDA aparece mágicamente en el pasto unos cuantos días después.

Si perdías algo, debías rezarle a San Antonio, quien dirige el Departamento Cósmico de Objetos Perdidos. Nosotros solíamos rezar: *Algo se ha perdido y lo debemos encontrar, por favor ayúdanos a buscar. Querido San Antonio, no nos hagas esperar.* Y *voilà*, la bolsa, la cartera, los 5 dólares retornaban como un búmeran.

Si perdías algo más importante, como tu cordura, le rezabas a San Judas, el santo patrono de las causas difíciles.

Los santos eran nuestro nexo con Dios. En la alineación sagrada, María era la jugadora suprema, la reina de la misericordia y el amor. Casi todos los católicos han escuchado la historia sobre cómo el cielo se estaba llenando de todo tipo de indeseables, y cuando Jesús le reclamó a San Pedro por dejarlos entrar, este contestó:

–No me culpes a mí, yo les niego la entrada por las Puertas del Paraíso y Tu madre los deja entrar por la puerta trasera.

También se encuentra el sermón popular sobre el chico que no dejaba de rezarle a Jesús por una bicicleta, pero nada que le llegaba. Un día, el niño envuelve una estatua de María y la esconde en el clóset. A continuación, dobla sus manitas y reza: *Jesús, si alguna vez quieres volver a ver a Tu madre...*

Con el tiempo me di cuenta de que la santidad y los halos no eran exclusivos de esos santos de vitral. Hay seres beatíficos extraoficiales entre nosotros, gente que simplemente ama a Dios y a otros, sin sangre ni vísceras para demostrarlo. Gente como mi tío Johnny.

Él tenía visión de rayos X y era capaz de contemplar a Dios en todas las personas. Yo jamás lo supe hasta que empecé a leer los correos electrónicos que mandaba diariamente; durante meses, los envió con pasajes de los Evangelios. Al principio, yo los borraba sin verlos siquiera, pero un día me desplacé hacia abajo y leí una de sus reflexiones personales que seguían al pasaje de las Escrituras.

El hermano menor de mi mamá jamás trató de ser profundo, jamás trató de convertir a nadie, jamás trató de usar el Cristianismo como un club. Él veía lo sagrado en lo ordinario, en lo promedio, en lo desagradable. Él convertía los problemas en parábolas, como la noche en la que su sistema de calefacción se descompuso:

Llamé a Rick Swan, quien antes había sido de ayuda,
no estaba en casa, así que empecé a desmontar el ventilador, temeroso de que algún paso olvidado terminara en una noche sin calefacción.
Cuando intentaba sacar el motor, sonó el teléfono.
Era Rick, quien me dirigió en el procedimiento.
Era como si Dios estuviera parado cerca de mí, recordándome cuánto dependo de Él.

Él veía el reflejo de Dios en su esposa, Bárbara, en los diez hijos que crio, en cada extraño que pasaba:

Como todo fiel en lo cotidiano
he conocido la soledad,
he estado atorado en el tráfico con los autos parados,
he trapeado el vómito cuando los niños
han luchado contra virus conocidos y desconocidos.
Sin embargo, Él me ha acogido,
ha hecho Su presencia conocida para mí.
Con frecuencia en la persona de Bárbara,
o en la luz del sol sobre el verde pantano;
o cuando me siento en silencio
Él interrumpe el aliento que viene y va
con un codazo misterioso, que sugiere susurre
Su presencia a un niño de tres años
o al niño del carrito en la tienda de descuento.

Alguna vez me envió una lista de lugares sagrados, que incluían el hoyo para nadar que utilizaba cuando era niño, el cuarto de reparación de herramientas en la planta de Cadillac, su lugar de trabajo; el Centro Ireland para el Cáncer del Hospital Universitario, el pasillo uno de la tienda de descuento Marc's.

Mi tío convirtió un pasado de pobreza en una letanía de gratitud, recordando tiernas bendiciones otorgadas por la partera en la granja que mi abuelo perdió durante la Depresión, por la primera familia de afroamericanos que conoció y que fue a su Primera Comunión, por el chico que lo llevó en los diablitos de su bicicleta a los partidos de basquetbol.

Él le daba las gracias a los extraños que jamás conoció, a los migrantes que cortaban los plátanos que él comía, a la mujer china que cosía el abrigo que lo mantenía caliente.

El tío Johnny era un cristiano radical, algo extraño en una cultura que valora la justicia por encima de la misericordia y la compasión.

Ama a tu esposa, a tu madre y a tu padre,
a tu maestra, que te aburre a morir,
a tu fastidioso hermano.
Como María y José,
preséntale a Jesús
a todo el que conozcas,
las cajeras del supermercado,
los conductores que hablan por su celular,
amigos, recuerdos de aquellos que amas (ya idos).
Qué privilegio compartir el Calvario de Jesús,
y llevar Su asombrosa gracia a un desconocido.

Asombrosa gracia. De eso estuvo lleno, hasta el final.

Cuando murió a los 77 lo pusieron en un extraño ataúd, tan profundo que debías inclinarte hacia delante para poder verlo. El ataúd era casero. Cuando mi tío tuvo que someterse a la quimioterapia, descubrió a un pequeño niño amish que necesitaba aventones al hospital para sus tratamientos contra la leucemia. Mis tíos lo estuvieron llevando al hospital y de regreso a su casa, entonces, como forma de agradecimiento, la familia del chico hizo el ataúd.

Extraño los correos diarios de mi tío, pero sigo viendo sus reflexiones cotidianas en el niño del carrito en Marc's, en los conductores con sus celulares, en el fiel común y corriente. Hay reliquias de santos en todos lados a nuestro alrededor.

Alguna vez escuché decir que un santo es alguien que sabe cuánto lo ama Dios. Tener conciencia plena de ello significa vivir sin demandar nada de los demás; es un amor a Dios y a los prójimos llevado al límite de la extravagancia.

No tienes que poseer poderes sobrenaturales para ser un santo, como tampoco estar por encima de tu condición humana; de hecho, uno de los requisitos es ser completamente humano. La santidad no está reservada para unos cuantos elegidos, ya que es algo que se les pide a muchos.

LECCIÓN 44

No desistas antes de que el milagro suceda.

La familia necesitaba ayuda, pues los médicos habían perdido toda esperanza y aconsejaron meter a Tommy en una institución.

La familia Johns se rehusó y en 1969 se mudó a mi pueblo natal de Ravenna, Ohio, cuando yo iba en segundo de secundaria. Una mujer de nuestra iglesia descubrió que necesitaban ayuda y decidió reclutar estudiantes de la escuela católica para trabajar como voluntarios en casa de los Johns.

Diane Plough tenía un alma caritativa y quería enseñarnos a servir a los demás. En aquella época, como voluntarias en la iglesia, dedicábamos un domingo al mes a preparar donas de 6 de la mañana hasta el mediodía para recaudar dinero con su venta. ¿Acaso no era suficiente?

Diane quería que ayudáramos a Tommy, quien tenía una severa discapacidad mental y física. Nuestro trabajo consistiría en pasar las mañanas de los sábados ejercitándolo. Como la familia necesitaba un equipo de personas que viniera dos veces al día a moverlo, Diane nos llevó a nosotras cinco.

Al principio, odiaba ir. Era un trabajo arduo y no parecía hacer ninguna diferencia visible en la vida de Tommy. A mí me agradaba Diane, pues era bonita, con el cabello rojo flameante y nos trataba como si fuésemos mujeres jóvenes y no niñas de secundaria.

Semana tras semana, pasábamos horas en el sótano de Tommy, intentando hacerlo gatear a través de un dispositivo en el suelo. Este mecanismo era como un túnel de madera que en la parte superior tenía cordel entretejido en un patrón cruzado, lo cual evitaba que el chico se escapara; era necesario forzarlo a gatear todo el camino y él lo odiaba tanto como nosotras. Tommy gemía y gruñía y se aferraba al cordel, se atoraba y luchaba mientras lo desenredábamos.

El sótano parecía como una habitación de terapia física, con áreas que servían para ejercitar y estirar a Tommy. Él debía recibir esta atención mañana y noche, y eran necesarias cinco personas para hacerlo: una para cada extremidad y otra para sostenerle la cabeza. El chico permanecía sobre una mesa y cada una de nosotras nos quedábamos junto a una extremidad para moverla cuando se nos indicara, mientras la persona que se encontraba en la cabeza la volteaba de lado a lado, como si el chico nadara en el aire. Nadie quería la cabeza, pues él babeaba y escupía y jalaba el cabello. Debías tener cuidado de no acercar los dedos a su boca porque podías recibir una mordida; al menos eso era lo que se nos decía y nosotras tomábamos en cuenta la advertencia.

Las que formábamos el grupo teníamos trece años, y aunque Tommy era dos años mayor que nosotras, se veía mucho más joven cuando jalaba nuestro cabello y movía sus brazos y piernas en círculos, gruñendo. Él no podía hacer nada por sí mismo, ni siquiera sentarse, gatear o alimentarse. La penosa rutina de ejercitarlo debe de haber sido dolorosa para él, pues combatía cada movimiento, pero era necesario hacerlo para que sus músculos no se atrofiaran.

Tommy era muy delgado, con cabello corto y oscuro. No podía hablar, solo gruñía, lloraba, se reía y gemía como un animal. Era fuerte, de manera que era difícil forzar sus piernas y brazos para dirigirlos hacia donde él no deseaba; en consecuencia, mover a Tommy era un ejercicio arduo para todas. La única paga venía al final de cada sesión, cuando él sabía que habíamos terminado de trabajar y se relajaba, sonreía y parecía eufórico de vernos.

En todo ese tiempo, no vi ningún progreso, ni una pizca. Seguimos yendo cada semana porque Diane veía una voluntad en él que, para nosotras, era imperceptible.

¿Qué sentido tiene todo esto?, me preguntaba en voz baja. Tommy jamás mejoraría, y no lo hizo, no mientras yo trabajaba como voluntaria. Sin embargo, la experiencia me enseñó a ser de ayuda y seguí ofreciendo mis servicios en otras partes durante la preparatoria. Unos cuantos años después de que dejé de ayudar a Tommy, trabajé como voluntaria en la Escuela Happy Day para personas con más de una discapacidad. Les enseñaba a los niños (que debían usar casco para proteger su cabeza) cómo hacer el sonido de las letras del alfabeto. Jamás olvidaré el día en que me percaté de un joven parado al final del pasillo, me parecía tan familiar... ¡Era Tommy!

Él no solo estaba parado, sino que caminaba.

No podía creer que el milagro hubiera sucedido. Yo me había rendido, pero el resto de las voluntarias había persistido en su esfuerzo.

Resulta que Tommy solo camino durante un año, después su cadera se dislocó y dejó de funcionar. Sus padres no querían someterlo a cirugías que quizá no funcionarían. Finalmente, terminó desplazándose en una silla de ruedas. Ahora está en sus cincuenta y vive en una casa de asistencia social. Su mamá, Jean, lo visita todos los días; su papá murió hace unos años.

Jean aún no sabe cuánto entiende su hijo, pero dice que Tommy tiene un reloj interno, pues se da cuenta de la hora a la que debe llegar su madre para visitarlo y se pone triste si ella no está ahí puntualmente. Él empieza a reír cuando la ve, y ella lo divierte con juguetes musicales que se encienden y hacen sonidos. Jean adora que él canturree con los labios cerrados cuando está contento.

No fue sino décadas después de haber ido a su casa cuando supe algo sobre la vida de Jean. Ella me contó que su primer bebé murió a los tres días de nacido. Luego llegó Tommy, quien sufrió de falta de oxígeno antes, durante y después de su nacimiento. Jean y su marido no supieron de su condición sino seis meses más tarde —ante la ausencia de signos que indicaran progreso—: que el niño tenía una severa discapacidad mental y física; no podía sentarse ni emitir sonido alguno. Al principio, Jean sintió amargura, pero su esposo la consoló diciéndole que Tommy no sabía que era diferente.

Ellos rezaron con fervor y después perdieron a otro hijo a la edad de nueve, el cual murió de varicela. Finalmente, tuvieron un hijo sano, David.

Para Jean, el milagro de Tommy no consistía en su capacidad para caminar, sino en que logró socializar con todas esas personas que le ayudaron durante tantos años. Tommy logró ser parte de una comunidad rica y amorosa. Él no estaba aislado en su casa ni recluido en una institución, y tenía amigos que iban todos los días a verlo, como su familia.

—Gracias a él conocí a tantas personas tan amables —me dijo Jean—. Es mi pequeño ángel, y moldeó toda mi forma de vida.

A mí también me moldeó la vida, porque me enseñó a dar de mí. Después de haber servido en su casa, estuve en Happy Day, en las campañas de donación de sangre y servicios de desastre de la Cruz Roja Norteamericana y en el Servicio Voluntario de Ambulancias de la Universidad Estatal de Kent.

Tommy también moldeó la vida de Andrea, pues ella vio algo en él que a mí se me escapó.

—Había algo ahí —me dijo—. Creo que contaba con muchos más recursos de lo que pensábamos.

Cuando Tommy la tomaba del cabello para jugar, ella pensaba: *Sé que estás ahí.*

Tommy le ayudó a moldear su filosofía de vida.

—Yo no estoy aquí por mí —dice—. Estoy aquí para los demás, pues juntos salimos adelante.

Tommy nos enseñó a jamás rendirnos antes de que suceda el milagro; en una de esas ocurre más de uno.

LECCIÓN 45

Repara el daño tan pronto como puedas, mientras puedas.

Haz la llamada, envía la tarjeta, entierra el resentimiento.

—Sea lo que sea, resuélvelo —me dijo Larry Goodman Jr., mientras se preparaba para despedir a su papá en la Iglesia Bautista Starlight.

—Echa a la basura todo ese desorden —me indicó—, déjalo ir.

Él y su papá dejaron de hablarse un día de agosto y jamás imaginó que el silencio duraría ocho meses. Perdieron contacto después de pelear por los detalles de la boda de Larry y su papá llegó tarde a la ceremonia.

Durante todo ese tiempo, ninguno de los dos cedería; esos ocho meses fueron muy duros para ambos. Larry, de 27, extrañaba a su mejor amigo, al hombre que le mostró cómo elegir a los amigos y a la pareja, quien le enseñó a asar costillas y cocinar las mejores alubias al norte de Georgia, el que le heredó su terquedad.

Sucedió que un día su padre terminó en el hospital por un dolor en el pecho. Larry fue a visitarlo y le llevó una tarjeta, y aunque no planeaba reconciliarse, cuando su padre lo vio, empezó a ahogarlo en abrazos. La familia obtuvo una segunda oportunidad.

—Cuando entré por esa puerta, él empezó a abrazarme y

a besarme —dijo Larry—. Yo intentaba hacerme el duro, pues seguía enojado.

Su papá hizo las paces con su hijo mediante estas palabras:

—Sé que estás enojado conmigo, pero te amo y estoy seguro de que tú también me amas. Siempre estaré aquí para lo que necesites.

Con estas palabras, volvieron a ser los amigos de siempre.

—Todo volvió a ser como antes —dijo Larry con lágrimas en los ojos, pues no había dejado de llorar desde que recibió la llamada hacía unos días. Él estaba hablando con su hermana por teléfono cuando alguien interrumpió la comunicación para darle la noticia. Cuando su hermana retomó la llamada, gritó:

—¡Nuestro padre murió!

Hubo un incendio en la casa. Larry condujo hasta el hogar de su papá, pues no creyó la noticia hasta que olió el humo. Para cuando llegó, la casa carbonizada estaba toda cubierta de paneles. En la oficina forense, Larry tuvo que identificar al hombre negro con barba que pesaba 100 kilos y medía 1.80 metros. Supo que era su padre cuando vio sus piernas, ya que Larry tenía las mismas pantorrillas.

Larry vació el *locker* de su padre en la Ford, donde había trabajado durante casi 29 años. Larry siempre pensó que su papá, quien solo tenía 48, se jubilaría de ahí. Mientras hurgaba entre la ropa de trabajo de su padre no pudo evitar las lágrimas.

—Cada vez que sacaba algún artículo de su casillero —recordaba—, me sentía como un niño pequeño a la espera de su papito.

Ese pequeño tenía un reloj interno que le permitía saber a qué hora llegaba el tren en el que venía su padre; el niño corría poco más de un kilómetro para recibirlo. Larry recordó la ocasión en que su papá lo llevó a su primer partido de beisbol, la forma como su papá podía hacer reír a cualquiera y que por trabajar dos turnos renunciara a tantas cosas, como presenciar los partidos de basquetbol de Larry en la preparatoria.

—Lo que más voy a extrañar de mi padre es su manera de eliminar todo lo negativo de aquello que yo le contaba. Cualquier parte positiva, por pequeña que fuera, salía a relucir con estas palabras:

—¿Cómo puedes hacer que esto funcione para ti?

Larry encontró esa muestra de optimismo cuando vio la botella de colonia en el casillero.

—A mi padre le encantaba el aroma de Jõvan Sex Appeal para hombres —comentó Larry, riendo fuertemente—. Santo Dios, una vez que estaba en su casa (yo tenía como 20), él dijo: *Tengo algo realmente bueno*. Me llevó todo el camino hacia la parte de arriba, diciéndome *Esto te va a encantar*, y sacó la botella de Jõvan.

Larry se puso uno de los trajes de su papá para el funeral, además de unas rociadas de Jõvan Sex Appeal.

El hombre compartió su historia conmigo para alentar a otros a zanjar diferencias mientras puedan hacerlo. Jamás olvidaré la vez que entrevisté a un hombre que esperó demasiado tiempo.

William Strazinsky y su hija adolescente, Becky, alguna vez fueron cercanos. Cuando ella tenía como dos años de edad se encaramaba en el regazo paterno para acurrucarse, sintiéndose segura en su pecho. Después de los largos días en la oficina, él regresaba a casa, se quitaba la corbata sin deshacer el nudo para que Becky pudiera tomar ambos extremos y jalar hasta hacerlo desaparecer.

Padre e hija eran los mejores amigos, aun después del divorcio. Más adelante, llegaron los años de la adolescencia, cuando las lealtades se desvían, cuando los amigos importan más, cuando los desafíos a la autoridad de los padres crean una brecha entre generaciones. Ellos tuvieron una pelea y dejaron de hablarse. Pasó un año, pero él sabía que la distancia no era insuperable, solo tomaría algo de tiempo tender el puente; llegaría el día en que él podría tomar la mano de su hija y hablar con ella.

Pero un viernes él llegó a casa y vio parpadear la máquina contestadora. Becky, que tenía 17, había tenido un accidente automovilístico. La camioneta Jeep Cherokee en que iba viró bruscamente en la nieve, dio vueltas varias veces y terminó de cabeza. La joven tenía fracturas en la cadera, costillas y cráneo.

Cuando llegó al hospital, Becky ya se había ido. Él se sentó junto a la camilla que sostenía su cuerpo, rodeó los dedos fríos de su hija con su mano cálida y contempló su rostro amoratado. Ella apenas estaba en la preparatoria. Durante dos horas lloró y le dijo a Becky cuánto significaba para él, que la amaba y que hubiese deseado estar ahí todos esos meses perdidos.

Rezó por un milagro, oró para que ella repentinamente apretara su mano, para que pudiera hablar con él al menos por unos cuantos minutos. Le dijo todo lo que hubiese deseado decirle mientras estaba viva.

Jamás olvidaré la lección de este último momento con ella, pues muchos de nosotros podríamos terminar con un arrepentimiento así. Cada vez que firmo algún libro, una mamá o un papá se acercan a la mesa y me confían que no han hablado con su hijo o hija en años. Todos esperan que la otra persona ceda.

¿Por qué no tomar la iniciativa? Mis amigos en los programas de recuperación me han enseñado que no debe haber relaciones llenas de amargura y resentimiento a tu alrededor. Ellos me alentaron a escribir una lista de todas las personas a las que he dañado, ya sea por acciones o por omisiones mías y a revisar únicamente mi parte cuando se trata de reparar una relación.

Entonces lo que hago es poner la lista ante Dios y rezar por la buena voluntad de hacer las paces. No espero a que la otra persona ceda, lo que quizá nunca ocurra. En cambio, me hago cargo de mi parte, aunque sea menor, y al hacerlo casi siempre reconocen también su responsabilidad, pero si no lo hacen, mi mente y mi corazón se limpian.

Algunas veces tengo que rezar por la voluntad de reconciliación, pero siempre llega y, gracias a Dios, jamás demasiado tarde.

¿Qué te detiene para dar el primer paso?

LECCIÓN 46

Cuando tengas dudas, acalla el ruido y acude a Dios.

Por lo general, el ruido siempre aparece cuando comienza la espera. No importa si estoy esperando buenas o malas noticias, si estoy en la cima de una montaña o en el valle, siempre se levanta el telón de todo tipo de escenarios pesimistas. Mi primer instinto consiste en entrevistar a todos los que conozco en busca de una respuesta, lo que usualmente añade más ruido.

Ha habido dos ocasiones en mi vida en que he experimentado el regalo del silencio de manera tan profunda como para sentir lo sagrado.

Cuando descubrí una bolita en mi pecho en el año de 1998, las voces empezaron con toda su fuerza: *Es solo un quiste... Es un tumor benigno... Es cáncer.* Todo el mundo tenía una historia que terminaba bien o una de horror que concluía de manera trágica sobre una madre, una tía, una hermana, una perra.

Traté de acallar todo el ruido y recé por un simple y aburrido gracias-al-cielo tumor benigno. Pero a nivel visceral estaba aterrada, pues la bolita había crecido muy rápido. Al esperar los resultados de laboratorio, el tumor parecía crecer con cada día que pasaba. Primero era del tamaño de una almendra, después de una nuez a la mitad y por último de una entera. Quizá solo estaba enloqueciendo. Me era imposible apaciguar el temor que se arremolinaba en mi cabeza.

Entonces sucedió que en una ocasión, mientras conducía a casa después de dar una plática en un retiro religioso, me perdí en un camino oscuro y sinuoso en el Valle de Cuyahoga. Era casi medianoche y todavía estaba como a una hora de casa. Los árboles estrechaban el camino y la neblina ascendía desde el río, escondiendo la vía. Desaceleré hasta ir a paso de tortuga. De repente, un grupo de venados apareció a mi alrededor: me encontraba conduciendo en medio de una manada. Tuve que ir a 5 kilómetros por hora para no pegarle a ninguno. Ellos se tomaron su tiempo serpenteando junto al auto y caminando tranquilamente por la carretera.

Entonces la calma se apoderó de mí y la más profunda paz emanó de mi ser; permanecí en completo silencio, pues todo el ruido había desaparecido. La quietud actuó como un gran borrador y se llevó toda la confusión, el temor y el interminable barullo de mi cerebro. El paseo se convirtió en una oración. De alguna manera, en ese momento supe que yo estaría bien, incluso si el tumor era canceroso. Nunca olvidaré el regalo de esos venados, el regalo de esa noche silenciosa, el regalo de esa paz.

La experiencia hizo darme cuenta de que algunas veces estar perdido es parte del largo viaje llamado *vida*. Aunque no siempre elegiría las desviaciones en las que terminé —como la Avenida del Cáncer—, esas rutas me condujeron exactamente a donde se supone que debo estar.

La otra ocasión en que experimenté el regalo del silencio fue cuando esperaba las que yo sabía serían buenas noticias. Toda mi vida quise ser escritora, y llegó el momento de hablar con varios editores que habían visto mi manuscrito de *Dios nunca parpadea*. Volé a la ciudad de Nueva York para encontrarme con gente en ocho distintas editoriales. Antes de partir, todo mundo trató de darme consejos: *No vayas a ceder los derechos internacionales. Conserva los derechos cinematográficos. No firmes nada sin que antes lo lea un abogado.* Ruido, ruido, ruido.

Era diciembre y la ciudad estaba enloquecida con las compras y eventos navideños. Me quedé en el departamento de mi hermana, en el Upper East Side, y su esposo me llevó en metro hasta la puerta de mi agente literario para que no me perdiera.

Mi agente, Linda Loewenthal, me llevó de editorial en editorial, en la que fue una experiencia emocionante y aterradora a la vez. Después de encontrarme con el primer puñado de editores, el ruido se intensificó, lo que hacía difícil silenciar todos los ***y si...*** que corrían por mi cabeza.

Esa tarde, entre una entrevista y la siguiente, me dediqué a pasear por las tiendas para distraerme; cuando estaba en una, sonó mi teléfono celular.

—Ven a mi oficina —dijo Linda con una voz emocionada—. Tenemos una oferta a la que debemos responder para las 5 de la tarde. Llámale a tu gente.

¿Mi gente?

—Yo no tengo gente —le contesté.

—Tu esposo, tus hijos —me recordó.

Ah, sí, mi familia es mi gente.

Salté a un taxi, llamé a mi familia, le dije lo que estaba sucediendo y traté de recuperar mi aliento. Cuando llegué a la oficina de Linda, ella me puso al corriente en todos los detalles. Pasé el siguiente par de horas reflexionando sobre la oferta *versus* el fuerte interés de las otras editoriales.

Mi cabeza daba vueltas a gran velocidad. Amaba el equipo en Grand Central Publishing y la oferta era generosa, ¿pero era la cantidad correcta? ¿Era este el hogar para el manuscrito que me había hecho sudar y al que quería como si fuera un hijo? Una vez cubierto cada ángulo, seguía sintiéndome indecisa, pero en vez de aventarle a Linda mi persistente ansiedad, le pregunté si había algún sitio al cual ir para pensar en soledad. Ella me envió a una oficina vacía que estaba al final del pasillo.

Me sentí tentada a hacer unas llamadas por celular y seguir aumentando el ruido, pero algo en mi interior me jaló para permanecer en silencio. Me quedé en la oficina de algún empleado en completa quietud. Con cada respiración, el ruido iba diluyéndose, hasta que la experiencia se convirtió en una meditación. Permanecí ahí, deleitándome en el silencio, dejando que mi corazón y mi mente descansaran. Después recé por claridad y paz, y le pedí a Dios que me guiara al lugar correcto y me lo hiciera saber a través de la paz sentida en mi alma.

Al cabo de media hora, experimenté una calma total. Cuando regresé a la oficina de Linda, le pregunté si ella pensaba que aceptar la oferta era la decisión correcta, a lo cual respondió afirmativamente y la paz en mí lo confirmó. Por vía telefónica, Linda aceptó la oferta y después gritamos de emoción.

Resulta que mientras estaba meditando, la industria editorial sufría una implosión. Ese día de diciembre de 2008 fue llamado *Miércoles Negro* en el mundo editorial. Random House anunció una reestructuración masiva. Simon & Schuster hizo un recorte de 35 empleos. Thomas Nelson dejó ir al 10 por ciento de su personal. En uno de los peores días de la industria editorial, de alguna manera obtuve una oferta para mi libro.

Eso era alucinante.

Eran cerca de las 5 de la tarde y necesitaba tomar un taxi para regresar a casa de mi hermana antes de que me fuera imposible conseguirlo. Las masas se dirigían a la iluminación del árbol de Navidad en el Rockefeller Center. No sabía cómo moverme en la ciudad y no estaba segura de cuál sería el mejor punto para tomar un taxi. Sin embargo, de algún modo encontré uno, me trepé y nos deslizamos hacia el tráfico y el ruido generalizado del claxon. Recorrer una sola cuadra nos tomó 15 minutos, por un momento empecé a preocuparme sobre cuánto costaría el viajecito. Después de unos segundos me reí, pues acababa de conseguir una oferta por mi libro y podía permitirme un largo paseo en taxi.

Me sentí tentada a llamar a todo el mundo para celebrar, pero me contuve para dar las gracias por un momento. Fue entonces cuando el silencio me envolvió por completo, como si me cubriera una cobija de paz. La atmósfera del taxi parecía la de una capilla y tuve la sensación de unidad con Dios, una especie de plenitud como si estuviera rodeada tanto interna como externamente por una paz que de verdad superaba todo entendimiento.

Algo en mí me dijo: *Recuerda este momento. Esta es tu señal de que todo está bien. Ni siquiera dudes de esta oferta, de este libro.*

¿Cómo se logran estos momentos de gran paz?

A través de la práctica cotidiana.

Alguna vez escuché que una mujer dedicaba un día de la semana a estar en absoluto silencio. Eso quizá parezca extremo, pero imagina cuánto silencio debe de haber en su cabeza. Yo he aprendido a hacer una pausa durante el día y estar tranquila. Mis amigos en recuperación me enseñaron sobre la simplicidad de la Oración de la Serenidad. Cuando te encuentres extraviado en medio de la confusión, la duda o la indecisión, simplemente haz una pausa, acalla el ruido y en la quietud repite: *Dios mío, dame la serenidad para aceptar las cosas que no puedo cambiar, valor para cambiar las que sí puedo y sabiduría para distinguir la diferencia.*

Todos los días practico el silencio, pues para mí es como un cajero automático: no puedes sacar dinero de la máquina a menos que tengas dinero en el banco. Si haces depósitos frecuentes, al momento de necesitarlo el dinero estará ahí. Yo paso los primeros 30 minutos del día sola con Dios. Es mi inversión diaria de paz y quietud. Cada mañana, Dios recibe la primera media hora y es el tiempo más valioso del día, es la cosa más importante que hago. Comparezco ante mi fuente de amor, creatividad, inspiración y belleza; me conecto a mi fuente de poder.

Esto transformará tu vida, si te puedes comprometer diariamente con ello. Por lo general, nada sucede durante esa media hora, solo me siento ante la presencia de Dios y de alguna manera más tarde, cuando más la necesito, la paz me invade.

He descubierto que la mejor manera de apagar el ruido es encender el silencio.

LECCIÓN 47

Para ser un canal de paz debes permanecer abierto.

Un día dos extraños caminaban por la entrada de nuestra casa. Eran dos niños a punto de entrar en la adolescencia, chicos que jamás había visto en el vecindario. Uno de ellos jaló una de las palas para la nieve y empezó a deambular por nuestro patio trasero.

Yo observaba desde arriba, preocupada de que fueran a robar algo. Como no los conocía, simplemente esperaba lo peor. ¿Estaban haciendo un reconocimiento de las casas para robar? ¿Iban a romper una ventana con la pala?

Antes de poder decidir qué hacer, mi esposo salió y los saludó con las siguientes palabras:

—Hola, amigos, ¿qué están haciendo? Necesitamos eso para quitar la nieve, así que lo van a tener que poner donde lo encontraron.

Él platicó con ellos y pusieron el objeto en su lugar, luego treparon por la valla de un vecino para tomar un atajo a casa. Yo me quedé observando hasta que desaparecieron, aún incierta de sus motivos.

Todo el día me sentí culpable por asumir lo peor de ellos. Cuando era niña, yo también tomaba atajos a casa a través de las vallas de los vecinos y también lo hacía mi hija. Solíamos reírnos de nuestro vecino viejito que cortaba camino por el patio de todos los demás para llegar a casa, pero se enfurecía cuando los niños atravesaban por su jardín.

En otra ocasión, supuse lo peor en una farmacia, cuando vi a un grupo de chicos con pantalones holgados, susurrando y riendo al unísono. ¿Mi primer pensamiento? Ladronzuelos.

Mi esposo, quien ve lo mejor en todos, empezó una conversación. Él se enteró de la escuela a la que iban y cómo andaban de calificaciones.

Cuando llegué a la caja registradora, me faltaban 25 centavos, así que le eché un grito a mi esposo. Él no me escuchó, pero uno de los chicos lo hizo, se acercó, hurgó en su bolsillo y me dio una moneda.

—Aquí tiene, señorita —dijo.

Mi corazón se derritió.

¿Por qué algunas veces asumo lo peor de la gente extraña? Cuestiono su comportamiento cuando en realidad debería cuestionar el mío. Cierro mi corazón y pienso que de alguna manera me encuentro más segura.

Me pregunto si los corazones de los demás se cierran cuando hablo demasiado o muy alto, o dejo caer esporádicamente alguna grosería o esparzo comentarios sarcásticos solo para parecer ingeniosa. ¿Se cierran cuando pongo mi música *country* a todo volumen o utilizo mi claxon para decirles *hola* y *adiós* a mis familiares y amigos?

George Bernard Shaw escribió que el mejor secreto no era tener buenos o malos modales, sino tener el mismo tipo de modales para todos. ¿Qué pasaría si esperáramos lo mejor y no lo peor de todos? ¿Cómo se vería el mundo o se sentiría si mantuviéramos nuestros corazones abiertos a todos?

Yo crecí cantando en la iglesia los domingos el himno de San Francisco *Hazme un canal* de tu paz*, pero nunca supe cómo serlo realmente. Si bien repetía esa oración cada mañana como mi declaración de objetivos, obtuve una nueva claridad acerca de ella cuando mi hermana Joan me envió una copia del libro *Alma en libertad* de Michael Singer.

Él escribió que todos construimos vidas que nos amortiguan del dolor y de los otros, y finalmente de la vida misma. Nos cerramos ante los demás para protegernos, pero al final eso no nos libera, sino que nos convierte en prisioneros de nuestros temores. Encerramos dentro de nosotros a una persona atemorizada que no puede crecer.

¿Cómo puedes mantenerte abierto? Michael Singer dice que el secreto consiste en dejar de cerrarse. Muchos de nosotros sufrimos de bloqueos emocionales ocasionados por el miedo. El escritor Emmet Fox comparó la apertura de ese canal espiritual con una manguera. Cuando tú riegas el césped con la manguera, hay una fuente interminable de agua que fluye a través de ella, a menos que haya un bloqueo. Si pisas la manguera o la doblas, el flujo se detiene. El agua, la fuente, todavía está ahí, pero el canal ha sido bloqueado y no sale nada.

Pasé la mayor parte de mi vida adulta protegiéndome de salir lastimada. Yo era una profesional de la cerrazón, pero descubrí que el mundo está lleno de posibilidades cuando te mantienes abierto y se convierte en un lugar mágico. Déjame que te cuente sobre una noche de invierno cuando una mujer abrió su corazón y detonó una reacción en cadena.

Ese marzo habíamos planeado ir al Festival Internacional de Cine de Cleveland con mi esposo, pero casi todos los caminos estaban cerrados. La nieve se había apilado tan alto que

* N. de la T. O bien, "Hazme un instrumento de tu paz".

prácticamente nadie se atrevía a salir. Sabíamos que el coche no lograría ir más allá de la entrada de la casa. Y si lo hacía, la Asociación Americana de Automóviles no nos rescataría. Definitivamente, no habría una grúa disponible en una noche como esa. Solo un tonto conduciría en tales condiciones o eso era lo que yo pensaba.

Mi esposo estuvo de acuerdo, pero unas cuantas horas más tarde anunció:

—Salgamos a comer. Podemos caminar.

¿Caminar? ¿Mi esposo quiere caminar? Me sentí tentada a tocar su frente. Él tenía fiebre, pero era de encierro. Pasar un sábado por la noche en casa era demasiado para este extravertido.

Él se metió en un abrigo que parece como un edredón con brazos. Nanuk, el esquimal, tuvo que pararse frente al espejo para descifrar cómo cerrar todos los broches, zípers y dispositivos de velcro.

Caminamos con dificultad por la banqueta y nos desplazamos en cámara lenta hacia Nighttown, un club de *jazz* y restaurante ubicado a unos ochocientos metros. Afuera estaba oscuro, las calles desiertas y pocas figuras fantasmales transitaban por ahí, pero ningún auto.

Mientras comíamos, nos fuimos descongelando; platicamos con el personal y después partimos. Yo quería echar a andar los pies y llegar a casa tan pronto como fuera posible. El camino de regreso era de subida, mis jeans se habían descongelado durante la cena y estaban empapados.

A través de la blanca bruma, distinguimos tres pares de luces traseras brillando como ojos enrojecidos. Un par de camionetas se detuvieron a ayudar al conductor de un auto que estaba varado en la colina. El carro no podía agarrarse de la nieve y continuaba deslizándose hacia abajo. *¿Qué tonto conduciría esta noche?*, me pregunté.

Una mujer mayor bajó la ventana y yo intenté ayudarle a dirigir el volante, pero el Cadillac no tenía tracción y giraba cada cincuenta metros; jamás lograría pasar la colina. La conductora se dirigía a su casa, que estaba a unos 15 kilómetros. ¿Qué diablos hacía en medio de este desastre?

—Trabajé todo el día en la Clínica de Cleveland —dijo—, soy enfermera.

¿Una enfermera? Dios mío, teníamos que hacerla llegar a casa. Yo volteé a ver la colina; incluso si la subía, ¿qué pasaría si se quedaba atorada en el camino? No habría nadie que pudiera ayudarle. Ante tal perspectiva, se me cayó el alma a los pies.

Un hombre de las camionetas sacó una larga correa, quería jalar el auto para hacerlo ascender por la colina, pero no pudo engancharla. La señora de la otra camioneta se hizo cargo, nos dijo que su nombre era Ángela, le ordenó a la enfermera que se hiciera a un lado y tomó el volante. Ángela le gritó a mi esposo que se subiera en su camioneta y empujara el auto para subirlo. Yo no estaba segura de qué podía hacer, así que me senté en la parte trasera del coche.

La camioneta golpeaba suavemente al auto, una y otra vez, hasta que logró el ascenso. En lugar de detenerse en la cima para que nos bajáramos y nos dirigiéramos a casa, Ángela continuó conduciendo. Mi esposo la siguió sin tener idea de quién era la camioneta que manejaba ni hacia dónde se dirigía. Yo estaba en las mismas.

Loretta, la enfermera, me dijo que tenía 75 años y había ejercido su profesión durante 51.

—Si me retirara, quizás olvidaría pararme de la cama en la mañana —dijo.

La camioneta de Ángela estaba llena de paquetes del *New York Times* que debía repartir a distintas tiendas. Jamás lo dijo, pero esta desviación para llevar a Loretta a casa la haría llegar tarde y alteraría sus planes. Ángela sonreía y platicaba como si no hubiera nada en el mundo que prefiriera estar haciendo en ese instante.

Nuestro pequeño convoy reptó por la colina y siguió hasta la casa de Loretta, que estaba a unos 15 kilómetros. El viaje nos tomó más de una hora, y cuando llegamos la enfermera quiso darnos a cada uno un billete de veinte dólares. Nos rehusamos a recibir el dinero, ella se sintió agradecida y nosotros también (agradecidos por personas como ella que fueron a trabajar para cuidar a unos extraños cuando habría sido más fácil no hacerlo).

Todos hicimos un adiós con la mano, y después mi esposo y yo nos trepamos en la parte trasera de la camioneta, más allá de los montones de periódicos atados, y reímos mientras una perfecta desconocida nos llevaba a casa.

LECCIÓN 48

Dios no permite que los cobardes manifiesten Su obra.

Pegada al monitor de la computadora en la que escribo mis columnas y libros tengo una hojita rosa de Post-it que dice: *Dios no permite que los cobardes manifiesten Su obra*. La nota me arranca del miedo paralizante y me avienta al trabajo. La cita de Ralph Waldo Emerson es como el dedo del Tío Sam que nos señala desde el póster del reclutamiento militar.

Es mi versión del dicho *Siente el miedo y hazlo de todas maneras.*

Un amigo alguna vez me dijo:

—Yo era bueno en esquí acuático porque el agua me atemorizaba.

Si bien el miedo evita que muchos actúen, en realidad puede ser un gran motivador. No tiene por qué paralizarte; de hecho, el sentimiento puede impulsarnos hacia delante. Algunas veces yo tomo su mano y digo:

—Ándale, miedo, vamos a movernos.

He creado el hábito de tratar al miedo como a un compañero del cual no puedo desprenderme. Lo arrastro conmigo mientras escribo y me doy cuenta de que la acción es un maravilloso antídoto contra él.

Muchos de nosotros sentimos temor y metemos el freno. La campaña publicitaria que dice *No te quedes en el casi, mejor da*, es tan poderosa porque nos reconocemos en ella. Con frecuencia estamos a punto de ayudar a alguien, pero el recelo supera a la compasión y es así como nos convencemos de no ser útiles ni generosos, ni considerados ni poderosos. Sin embargo, no puedes cambiar el mundo esperando que alguien más actúe.

Entonces, ¿cómo pasas del miedo a la acción? Algunas veces das pasos pequeñitos; otras, uno gigantesco. En ocasiones, llega la fe y el miedo se desvanece, pero a menudo la fe y el temor van de la mano durante un tiempo.

Mis amigos en recuperación que asisten a las reuniones de Alcohólicos Anónimos me enseñaron a hacer una lista de mis miedos, ponerlos por escrito y enfrentarlos de una vez por todas. El siguiente paso consiste en compartir la lista con alguien de confianza e indagar las causas y condiciones de cada uno de esos temores. Por último, lo que uno debe hacer es rezar para que los miedos sean eliminados.

Yo intento practicar lo opuesto del miedo ejercitando mi músculo de la fe, el que en comparación con el del miedo parece el brazo de un enclenque. Además, algo que siempre me reconforta es el mensaje de esta maravillosa cita: *La voluntad de Dios jamás te llevará a donde la gracia de Dios no pueda resguardarte.*

Constantemente me veo inspirada por la gente que encuentra el valor para cambiar las cosas que sí puede, algunas veces a pesar de los pronósticos.

Conocí a Melinda Elkins después de que su madre fue asesinada. Alguien la había violado y golpeado, como también a la sobrina de Melinda. La pequeña niña, quien sobrevivió al ataque, había ido a pasar la noche a casa de su abuela en Barberton, Ohio.

La policía arrestó al esposo de Melinda, Clarence, por el asesinato. Un jurado lo condenó, con base en el testimonio de la pequeña de seis años, quien dio versiones contradictorias de lo que vio en la oscuridad. Nunca hubo evidencia física para vincular a Clarence con el crimen, pero los fiscales construyeron todo un caso de asesinato basándose en la historia de la sobrina traumatizada, quien más tarde se retractó.

La vida de Melinda era un caos, pues mientras lloraba la muerte de su madre, también le afligía el encarcelamiento de su esposo. Ella creía en su inocencia cuando nadie más lo hacía. Durante los siete años que él pasó en prisión, Melinda no dejó de presionar a abogados, jueces y policías para que reabrieran y reinvestigaran el caso. Entre tanto, perdió su casa como consecuencia de ser la única proveedora de sus dos hijas. Melinda no contaba con ninguna experiencia en cuanto a la justicia criminal, solo su pasión por la verdad y el poder de la promesa que ella había hecho a su madre, la de encontrar al verdadero asesino.

Melinda examinó cada aspecto del caso y un detalle que la incomodaba era que, cuando su pequeña sobrina despertó después del crimen y acudió a una vecina en busca de ayuda, la señora no llamó a la policía. Esa mujer hizo que la niña esperara afuera mientras ella cogía su bolsa para llevarla a casa. Melinda jamás entendió por qué la vecina se rehusó a llamar a la policía o permitirle la entrada a la niña. Esa pregunta la condujo a investigar al novio de la mujer, Earl Mann, quien solía quedarse con la mujer y sus tres niñas. Para el momento en que Melinda encontró esta información, Earl ya se encontraba en prisión por abusar de sus hijos. El destino quiso que Earl fuera encarcelado en el mismo lugar que Clarence, así que un día, cuando Earl dejó caer un cigarrillo, Clarence lo tomó y lo envió a casa. Melinda suplicó a los abogados que hicieran una prueba de ADN, el cual coincidió con el de la escena del crimen.

Después de siete años, el esposo de Melinda salió libre.

Otro hombre salió de prisión después de 20 años de estar condenado a muerte, cuando un sacerdote reunió la fe para defenderlo. El Padre Neil Kakoothe visita a los condenados a muerte en Ohio para ofrecerles guía espiritual, y aunque sabe que no puede acabar con este tipo de penalización sin ayuda, el sacerdote católico logró liberar a un hombre. Cuando descubrió que Joe D'Ambrosio quizá era inocente, el Padre Neil llevó a su casa cajas de archivos e investigó el caso a profundidad.

Kakoothe descubrió tantos errores en el caso que las cortes le otorgaron al prisionero un nuevo juicio; resultó ser que en el primero los fiscales omitieron diez piezas clave de evidencia, información que el jurado jamás vio y que muy probablemente habría conducido a un veredicto de inocencia.

Joe necesitaba un lugar para vivir mientras esperaba el nuevo juicio, pero no tenía a dónde ir, pues durante su estancia en prisión había perdido a su familia. Afortunadamente, una viuda y abuela de cuatro, que casi no lo conocía, le abrió las puertas de su casa. Rosalie Lee había tenido un contacto muy superficial con Joe a través de su hija, años antes de que fuera condenado por homicidio.

Durante años, Rosalie manejó hasta la prisión de máxima seguridad para visitar a Joe. Pocas personas iban a verlo, sus padres habían muerto y sus dos hermanas vivían en Florida. Durante 20 años, Joe la llamó *mamá*. En sus cumpleaños, ella compraba de la máquina expendedora un panquecito y le colocaba pequeños palitos de pan (no se permitía usar velas).

—Él es el hijo que nunca tuve —me dijo. Su esposo, también llamado Joe, había muerto. Cuando ella visitaba el cementerio en días festivos, ponía flores en la tumba de su marido y en la de los padres de Joe.

Mientras esperaba el juicio, con permiso del juez pudo vivir en casa de Rosalie, quien acondicionó una pequeña recámara para él, con una televisión, un teléfono y un estéreo. Rosalie tuvo que cancelar su identificador de llamadas y su servicio de llamada en espera para que el teléfono pudiera adaptarse al dispositivo de monitoreo electrónico de Joe.

Meses más tarde, un juez declaró que no se necesitaba un nuevo juicio: Joe D'Ambrosio era hombre libre. Desde entonces, el Padre Neil empezó a referirse a Rosalie como una bendición.

—Ella no solo escucha el Evangelio —decía—, sino que lo vive.

Se necesita una valentía especial para ayudar a la gente que el mundo preferiría borrar de la faz de la Tierra.

—Solo intento ser una buena cristiana —dijo Rosalie.

Eso requiere una importante dosis de valor.

LECCIÓN 49

Deja un legado que el tiempo no pueda borrar.

Es impresionante lo que se puede llegar a saber de una persona en su funeral.

De alguna manera, los entierros nos orillan a hacer un balance sobre nuestra propia vida, a examinar de dónde venimos, hacia dónde nos dirigimos y lo que dejaremos detrás cuando el viaje termine.

Cuando el esposo de mi amiga Margi murió, supe que este hombre callado tenía una risa tan desbordante y sonora que se convertía en algo inolvidable para quien la escuchaba. Greg Lofaro trabajaba en un programa de asesoría en la Universidad Estatal de Kent, donde creaba cintas de audio para entrenamiento. En su funeral, nos dijeron que por lo general las cintas se volvían a utilizar, pero como la risa de Greg era tan ruidosa no podían borrarla.

Durante un retiro, una mujer nos contó que en una ocasión le tocó presenciar que una niña de nueve años dijera parte del discurso en un funeral; todo el mundo contuvo el aliento mientras la pequeña se acercaba al micrófono.

—La abuela usaba bilé y manejaba un convertible —dijo la niña. Eso fue todo, pero qué gran manera de describir el entusiasmo de la abuela por la vida.

Cuando mi tío Jack murió a los 76, su hijo Mike dio el discurso luctuoso. Jack era el tío amable y de voz suave que no te acosaba con preguntas referentes a lo que ibas a hacer con tu vida después de la universidad o la razón por la que tenías 30 y todavía seguías soltera. No fue sino hasta su funeral cuando me di cuenta de lo poco que sabía de él.

Fue ahí donde supe que mi tío había crecido durante la Depresión y jamás tuvo dinero para ir a la universidad, así que había insistido en que sus cuatro hijos lo hicieran. Ellos bromeaban con el hecho de que sus primeras palabras cuando estaban aprendiendo a hablar habían sido *Ve a universidad.* Todos fueron.

Supe que mi tío era un genio de las matemáticas, cuyo título era Director de Predicción Financiera en TRW Automotriz. Alguna vez fue sometido a una auditoría por parte de Hacienda porque el gobierno no podía creer que un hombre con tres hijos en la universidad destinara tanta cantidad de dinero a obras de beneficencia.

El tío Jack se jubiló después de 43 años de servicio en la misma compañía, pero su historia laboral casi no se mencionó. Su valor fue medido por sus nietos, quienes se reunieron en el micrófono para cantarle "Did you ever know that you're my hero?" (¿Alguna vez supiste que eras mi héroe?) Los alcances de mi tío también pueden verse en el *hijo* al que adoptó cuando los propios eran adolescentes. Como el niño había perdido a ambos padres, el tío Jack y la tía Kate lo criaron como suyo.

Su valía fue tasada por el tamaño de su corazón y no por el patrimonio financiero que dejó detrás.

Con demasiada frecuencia medimos nuestras vidas cotidianas con base en la apariencia y el desempeño, o bien tratamos de impresionar a otros con nuestros logros. Establecemos metas de cinco años para incrementar el ingreso, construir carpetas de trabajo, fortalecer los planes de retiro. Pensamos que somos un éxito cuando podemos comprar un coche de mayor potencia, adquirir una casa más grande u obtener otro grado universitario.

La medida del valor de mi tío quedó resumida en tres cosas: su fe, su familia y sus contribuciones a otras personas. Su nieta leyó un pasaje del libro de Ray Bradbury *Fahrenheit 451*, sobre cómo años después de que tu abuelo se ha ido, si pudieras echarle un ojo al interior de tu cerebro, encontrarías la huella de su amor.

Dejas un legado que el tiempo no puede borrar porque ha tocado profundamente la vida de la gente.

Entonces, ¿qué dirán en tu funeral? ¿Qué historias contarán mucho tiempo después de que tu viaje haya terminado? ¿Qué legado dejarás?

Algunas personas sugieren que uno escriba su propio epitafio, panegírico u obituario y después viva de acuerdo con ello. Leer tu obituario puede cambiar tu vida; lo hizo para Alfred Nobel, quien fue conocido en su época por su invención de la dinamita. Cuando su hermano murió, el periódico confundió a los dos hombres y publicó el obituario de Alfred, en vez del de su hermano; en este se leía: *El Dr. Alfred Nobel, quien se hizo rico descubriendo una eficaz forma de matar a la gente, murió ayer.*

Al leer su propio obituario, Alfred se dio cuenta de que sería recordado por inventar algo que destruía vidas, fue así como creó y fundó los Premios Nobel, dirigiendo la mayor parte de su patrimonio —un fondo de 9 millones de dólares— para establecer los premios. Estos reconocimientos se dan cada año a los logros en todas las áreas, desde las ciencias físicas hasta la paz. Su nombre ahora se vincula a la celebración de los mayores logros de la humanidad.

Tú no tienes que crear ni ganar el Premio Nobel para ser recordado mucho después de que te hayas ido.

Andy Berry era guardabosques en el Campamento Manatoc de Ohio. Lo llamaban el Guardián y se aseguraba de que tu tienda de campaña no tuviera un hoyo, el techo de la cabaña no goteara y tu canoa no hiciera agua. Él les enseñó a miles de niños cómo maniobrar un hacha, afilar una navaja y hacer una fogata (también a apagarla, para evitar un incendio).

El Guardián trabajó cada fin de semana durante 25 años en un campamento para Boy Scouts. Su sonrisa jamás se desvanecía, ni siquiera cuando un niño metía a hurtadillas una lámpara de gas, hacía un hoyo en una tienda u olvidaba limpiar una cabaña. Él era un segundo padre para chicos que no tenían a nadie que les enseñara cómo revisar el aceite de un auto, reparar una podadora o soldar una tubería rota. Su objetivo consistía en asegurarse de que cada chico se la pasara estupendamente sin salir lastimado. Andy había sido criado en una granja y tuvo que abandonar la escuela cuando iba en segundo de secundaria para trabajar y mantener a su familia, así que se aseguraba de que otros chicos tuvieran todas las oportunidades que él jamás pudo gozar.

Alice Hamill Hartman era maestra en un pequeño pueblo de Ohio llamado Minerva. Ella no era un alma vieja ni frágil, aunque su cuerpo era pequeñito, con anteojos y cabello desordenado. Alice solía correr por los pasillos riendo y bailando. En su cumpleaños número ochenta y cinco, estando de suplente de una maestra de quinto grado, decidió comprarles golosinas a todos los estudiantes y caminó 20 cuadras para llegar a la tienda. Cuando murió, a los 99, lo primero que se mencionó en el obituario fue cómo se había roto la pierna porque había caído de un manzano a los ochenta años. Alice le enseñaba a todo el mundo a celebrar la vida.

Henry Luckhardt creció en una aldea de Virginia Occidental. Solo tenía cinco cuando su hermana Rose jaló una olla de agua hirviendo de la estufa y se quemó; ella tenía siete cuando murió como resultado del accidente. Henry trabajó en las minas de carbón y después se mudó a Akron, donde se unió al Ejército y obtuvo estrellas de bronce en Normandía, Ardenas y Renania. Construyó una casa modesta y trabajó en una fábrica de llantas hasta que se retiró en 1962. Henry era un hombre de pueblo que nunca gastaba un centavo en sí mismo; vestía camisas que tenían treinta años de antigüedad y pantalones con parches en las rodillas. Invertía solo 15 dólares en alimentos cada semana y manejaba un Oldsmobile del 72, que le duró hasta 1999, cuando murió a los 91. El coche, asombrosamente, solo tenía 32 mil kilómetros.

Todos se sorprendieron cuando, al morir Henry, se enteraron de que había dejado 1.4 millones de dólares al centro para quemados del Hospital Infantil de Akron; el hombre que parecía tener tan poco había invertido todo para poder dejar una fortuna a los encargados de salvar a pequeñas niñas como Rose.

También está la historia de Randy Stang, quien una noche dio el discurso de su vida en el ayuntamiento de Bay Village, Ohio. Algunos se quejaron ante la propuesta de un parque para patinetas y bicicletas. *No lo vayan a construir cerca de mi casa*, decían. Randy dirigió un alegato apasionado en defensa del parque, diciéndoles a todos que él vivía junto a uno y no le importaba el ruido ni las luces de las canchas de básquet, ni todo aquello que aterrizaba en su jardín fueran *frisbees*, pelotas de golf o bolas de beisbol.

—Yo estoy a favor de un parque de patinetas y bicicletas —les dijo—. Me pregunto si los ciudadanos que están en contra de un parque no tienen hijos, aún no son abuelos o carecen de un niño interno.

Él le dio la bienvenida al parque de bicis y patines e invitó a la ciudad a que lo construyera cerca de su casa.

–Sería bueno ponerlo justo al norte de ese campo de beisbol que está ahí, probablemente a unos 15 metros de mi jardín.

Después, guardó silencio y se colapsó. Un doctor y una enfermera que se encontraban entre la gente hicieron todo por resucitarlo. Randy Stang tenía 55 años y dejó atrás una esposa y cuatro hijos. Sin embargo, a todos nos heredó nuevas palabras con las cuales vivir.

Es muy común escuchar que la gente advierte, casi en tono de amenaza, lo siguiente: *No en mi patio.*

Quizá tú lo hayas dicho; yo confieso que lo he hecho. Pero, ¿cuál es el mensaje de Randy? *Creo tanto en mi comunidad y en los hijos de otras personas que les doy permiso para que levanten el parque en mi patio.* Cuando los habitantes de Bay Village aprobaron la construcción del parque de patinaje decidieron nombrarlo en honor de Randy.

Yo adoro el consejo que San Francisco de Asís le dio a sus seguidores:

> *Mantén claridad sobre el sentido de la vida; no olvides tu propósito y destino como criatura de Dios. Lo que eres ante sus ojos es lo que eres, y nada más.*
>
> *No dejes que las preocupaciones mundanas y las ansiedades o las presiones del oficio oculten la vida divina dentro de ti, ni desatiendas la voz del espíritu de Dios guiándote en tu gran misión de conducir a la humanidad hacia la plenitud. Si te abres ante Dios y Su plan, impreso profundamente en tu corazón, Dios se abrirá ante ti. Recuerda que cuando dejes esta Tierra, no podrás llevarte nada de lo que has recibido –símbolos ajados de honor y poder–, sino solo lo que tú has dado: un corazón pleno y enriquecido por el servicio honesto, el amor, el sacrificio y el valor.*

Así es como tú sobrevives a la muerte, viviendo un legado que el tiempo no puede borrar, impreso en el corazón de los demás.

LECCIÓN 50

Si despertaste hoy, Dios todavía tiene planes para ti.

¿Sabes cuántas personas se necesitan para cambiar el mundo? En realidad, solo una.

No importa cuánto dinero tengas, cuánto tiempo te quede ni cuál sea tu abasto de energía. Ni la vejez, ni la enfermedad ni la pobreza pueden ser un pretexto para no servir a Dios. Se dice que el final del hombre es el inicio de Dios. Cuando yo me estaba sintiendo en mi peor momento después de la quimioterapia y los tratamientos diarios de radiación, cada mañana estas palabras me inspiraban para salir de la cama y escalar la vida:

Si despertaste hoy, Dios todavía tiene planes para ti.

Yo pegué esta cita en mi libro de meditación, después de leerla en un artículo del periódico. No has terminado hasta que Dios lo diga; si todavía estás aquí, hay una razón para ello (quizá más de una).

Cada año, durante el mes de junio, mis amigos en recuperación asisten al fin de semana anual del Día de la Fundación de Alcohólicos Anónimos. La asociación tuvo sus inicios en Akron, Ohio.

En el escenario frente al cual miles de personas de todo el mundo se reúnen para honrar a los fundadores de AA, pueden verse tres retratos sobre sus respectivos caballetes. Hay una inmensa foto en blanco y negro de Bill Wilson, quien fracasó de manera miserable como corredor de bolsa. También hay un retrato del tamaño de un póster del Dr. Robert Smith, cuyas manos solían temblar durante sus cirugías por beber demasiado whisky. Y, finalmente, un inmenso retrato de la Hermana Mary Ignatia, quien era maestra de música hasta que tuvo una crisis nerviosa. A ella la despojaron de sus deberes y la enviaron a hacer algo inofensivo, como administrar la florería en un hospital de la localidad. Mary terminó asistiendo al Dr. Bob, mientras este trataba a los alcohólicos que ingresaban como pacientes. Tanto el Dr. Bob como la Hermana Mary Ignatia pudieron ver a los adictos bajo una nueva luz, como personas con una enfermedad llamada alcoholismo que en realidad podía tratarse.

Cuando estas tres personas tocaron fondo, se les llamó para ascender a alturas que jamás pudieron haber imaginado; juntos, ayudaron a lanzar una asociación espiritual que ha salvado millones de vidas. En realidad, nuestro fracaso puede ser el punto de arranque de Dios. Tú no has acabado hasta que Dios dice lo contrario; y aunque para ti el panorama se vea desalentador, a lo mejor Él apenas empieza a calentar los motores.

Jamás renuncies a ti mismo, a lo que solamente tú puedes ofrecerle al mundo. Siempre y cuando estés del lado correcto, sigues siendo una necesidad para la humanidad.

Conocí a Ella Mae Cheeks Johnson cuando tenía 101. Ella había viajado a 30 países y sobrevivido a dos maridos. Ella Mae hurgó en una pila de papeles y sacó el discurso que escribió cuando cumplió noventa. No, no era ese. Después tomó el discurso que escribió cuando cumplió 95. No, otra vez se equivocó.

Por fin, sacó el discurso que dio cuando cumplió 100. Su silla de ruedas negra apenas y podía contener su energía. Ella ponía los pies en el piso para navegar con la silla de ruedas a través de los estantes de libros. Esta mujer acababa de terminar de leer *Confesiones de un gánster económico.*

Yo la conocí en 2005, poco después de que recibiera el Reconocimiento a los Alumnos Distinguidos de la Escuela Mandel de Ciencias Sociales Aplicadas en la Universidad Case Western Reserve. En esa época, ella era la exalumna más vieja del programa, aún con vida. Cuando un decano fue a visitarla, Ella se encontraba leyendo el Reporte de la Comisión 9/11.

—Quiero saber qué descubrieron —me dijo.

En su cumpleaños número 100, esta mujer imprimió una lista de sus libros favoritos y la pasó a los invitados. Un retrato del Buen Samaritano que ella había pintado 81 años antes descansaba sobre su tocador. La historia de la Biblia sobre el hombre que se detuvo para ayudar a un extraño golpeado, a quien otros ignoraron, había moldeado toda su vida.

Sus primeros buenos samaritanos fueron sus vecinos, el Sr. y la Sra. Davis, quienes se convirtieron en sus padres el día que su mamá murió, cuando tenía cuatro. Ella obtuvo un grado universitario en lengua francesa, pero una mujer afroamericana no tenía permiso de enseñar francés, fue así como se convirtió en trabajadora social.

En 1928, Ella se mudó a Cleveland en busca de su maestría. Mientras trabajaba para el departamento de asistencia social del condado, ayudó a una mujer llamada Louise Stokes, cuyo hijo, Louis, llegó a formar parte del congreso y cuyo hermano, Carl, fue el primer alcalde afroamericano de una ciudad importante.

Esa pintura es lo último que ve antes de quedarse dormida y lo primero cuando despierta; es el desafío con base en el cual Ella Mae Johnson rige su vida; es su versión del *Sí se puede.*

Cuando cumplió 105, viajó a Washington, D.C., para atestiguar la toma de posesión del primer presidente afroamericano. Ella Mae murió en 2010, justo antes de que se publicaran sus memorias, *It is Well with My Soul: The Extraordinary Life of a 106-Year-Old Woman* (Todo está bien con mi alma: La extraordinaria vida de una mujer de 106 años). En toda su vida, ella jamás tuvo un plan maestro, se dejó guiar por el Plan Maestro.

Tras una existencia de servicio, Evelyn Boyd se había ganado el derecho de sentarse y no hacer nada. Cuando la conocí, tenía 92 años y había pasado 33 enseñando música, la mayoría en las escuelas públicas de Cleveland. Siempre le molestaba que algunos de sus estudiantes en la primaria no pudieran leer las palabras de las canciones.

Evelyn pudo haberse aislado como una viuda solitaria, aferrándose a cada centavo de su pensión; en vez de eso, trabaja como voluntaria en la Clínica de Cleveland y en la Asociación para los Invidentes. Evelyn llega a gastar 30 dólares, en un momento, en libros para niños que jamás conocerá.

Cada vez que llega el catálogo de los libros Daedalus, ella estudia la sinopsis de cada uno y hace un pedido de los mejores. Evelyn los manda directamente a un pediatra que tiene un programa de lectura; ha donado más de 500 libros nuevos.

El Dr. Robert Needlman empezó el programa después de observar que la sala de espera del centro médico en los barrios marginales de Boston no contaba con libros para niños, quienes podían beneficiarse de la lectura mientras esperaban. El personal se dio cuenta de que los chicos robaban los libros, así que dejaron de ponerlos en las mesas. El hecho de que los niños quisieran leer con tanta desesperación inspiró a Needlman a recaudar fondos para comprar miles de títulos y cada niño podía llevarse uno en cada consulta.

Después, él reclutó voluntarios para leerles en voz alta a los chicos en la sala de espera. Así es como Barry Zuckerman empezó el programa nacional no lucrativo Reach Out and Read (Acércate a la Lectura), hace más de 20 años. Como Evelyn, ellos querían ver a cada niño crecer con la oportunidad de amar los libros.

—Yo tuve una buena vida —dijo ella—. No la tuve para mí, pues no venimos a este mundo para atender únicamente nuestras necesidades; estamos aquí para ayudar a otros.

Estamos aquí con la finalidad de vivir una vida para los demás. Los jesuitas me enseñaron a construir mi vida con base en el principio que San Ignacio de Loyola enseñaba: *Conocer, amar, servir a Dios y ser feliz con Dios para siempre.* Todo lo que tenemos aquí es un regalo creado por nosotros para experimentar a Dios de manera más plena. Debemos conservar esos regalos si enaltecen nuestro crecimiento o liberarlos si lo estancan.

San Ignacio continuó diciendo que debemos permanecer indiferentes a todo, si no tenemos claridad sobre cuál es nuestra mejor opción. No debemos preferir la salud sobre la enfermedad, una larga vida sobre una corta, la riqueza sobre la pobreza. Servimos a Dios sea donde sea que nos encontremos: enfermos o sanos, jóvenes o viejos, ricos o pobres. Debemos desear únicamente aquello que enaltece nuestro crecimiento espiritual, lo cual podría ser cualquier cosa.

El cáncer me enseñó a amar la vida sin importar las circunstancias. Se trata de una enfermedad atemorizante, pero llega con sus propios regalos, pues te enfrenta a la vida. De vez en cuando, alguien todavía me pregunta:

—¿Así que estás en remisión?

Lo que realmente quieren saber es si estoy curada. Mi prognosis es la misma que la de alguien que ha tenido cáncer y la de alguien que no ha tenido cáncer.

Se nos otorga **vivir** todos los días de nuestra vida y depende de nosotros, no del cáncer ni de cualquier otra enfermedad o discapacidad o desilusión en la existencia. La mayoría de la gente con cáncer no está muriendo de cáncer; no recibe el diagnóstico, regresa a casa, se trepa a la cama y espera morir. Por lo general vive con la enfermedad, la deja atrás, existe a pesar de ella. La gente con cáncer va al trabajo, cría hijos, sale a pescar, hace el amor, arregla el jardín.

Durante años, una encantadora mujer en mi sala de redacción llegaba al trabajo con un cáncer terminal. Uno no podía detectar que Arlene Flynn tuviera algún padecimiento. Su cabello siempre estaba perfectamente arreglado, su maquillaje era impecable, su sonrisa era más amplia que la de nadie más. Ella no se veía como una mujer moribunda.

Cuando me enteré de que tenía cáncer y traté de consolarla, ella solo sonrió y me contó sobre toda la gente interesante que había conocido esa semana durante su sesión de quimioterapia; ella hacía que la situación sonara festiva.

Arlene exprimía tanta vida de su existencia que, durante su funeral, me costó trabajo creer que se hubiera ido.

Pero todos tenemos una fecha de caducidad, todos vamos a expirar. Nadie, ni siquiera el mejor doctor, posee una regla mágica capaz de calcular con precisión el día que morirás. Los doctores le daban a mi papá seis meses de vida, pero murió a las semanas. Los médicos le daban un año de vida a una mujer a la que conocí, pero ella sigue paseando por ahí después de diez.

Nadie sabe a qué hora llamará la muerte, ni siquiera aquellos a los que se les ha diagnosticado cáncer.

Sabemos lo suficiente para hacer algo valioso con todas las horas de la vida.

Agradecimientos

Para escribir un libro es necesario acallar las voces interiores que gritan que no puedes hacerlo, o susurran que no deberías, o se burlan ante tu incapacidad de acabarlo.

Yo estoy eternamente agradecida por...

Toda la familia y amigos que opacaron con el volumen de su voz todas las dudas interiores. Su apoyo y amor infinitos no tienen precio.

Mi esposo, Bruce Hennes, a quien no le importa dormir solo cuando la inspiración me mantiene despierta hasta las 3 de la mañana. La profundidad de tu amor sigue sorprendiéndome.

Mi hija, Gabrielle, mi primer milagro. Gracias por todo el amor y la risa que compartimos cada día.

Mis hijos, Ben, Joe y James, por su amor y su luz, y por transmitir toda su experiencia en el ámbito de las computadoras, la fotografía y los medios sociales.

Mi nieto, Asher, por ser mi alegría y mi Bebé Bu-ba-lú que llega temprano.

Todos los que compraron y leyeron mi primer libro, *Dios nunca parpadea: 50 lecciones para las pequeñas vueltas que da la vida.* A un sinnúmero de escritores que ofrecieron su apoyo, especialmente al Dr. Michael Roizen, Joe Eszterhas, Jeffrey Zaslow, Dick Feagler, Thrity Umrigar, Dan Chaon y Deepak Chopra.

Mis colegas en el *Plain Dealer*, especialmente Barb Galbincea, Chris Quinn, Thom Fladung, Debra Adam Simmons, Shirley Stineman, Susan Goldberg y Terry Egger, por darme la libertad de sobresalir en mi trabajo y por concederme el permiso de compartirlo en este libro.

Todos aquellos que me han permitido compartir sus historias en mis columnas y en este libro; jamás llegarán a saber cuántas vidas han transformado.

Las queridas amigas que me inspiran y me mantienen centrada, especialmente Sheryl Harris, Vicki Prussak y Beth Welch.

Las fuentes de inspiración en el monasterio carmelita, la casa de retiro jesuita y The Gathering Place.

Mi agente y el maravilloso equipo en Grand Central Publishing. Gracias por creer en ambos libros y por apuntar tan alto que llegamos a la cima: *best seller* del *New York Times.* ¡Increíble! Todavía sigo maravillada con todos ustedes.

Linda Loewenthal, mi agente en la agencia literaria David Black. ¡Qué joya eres! Gracias por guiarme con tu sabiduría, tu paciencia y tu entusiasmo. Tenías razón: ¡*este* era el siguiente libro por escribir!

El editor Jamie Raab: tu entusiasmo podría ser embotellado y vendido. La editora Karen Murgolo: solo tú puedes hacer que se sienta tan bien que te editen.

Carolyn Kurek, por resolver grandes y pequeños problemas; Matthew Ballast, Jennifer Musico y Dana Trombley, por pasar la voz del libro (sigo recibiendo correos de Brasil, Australia y China); Philippa White, quien me ayuda más de lo que nunca sabré; Diane Luger, quien diseña portadas que parecen como un regalo; Nicole Bond por llevar el libro a 18 países; Peggy Boelke, quien lo llevó a los 50 estados; y gracias a todos los de ventas y mercadotecnia por difundir mi mensaje de esperanza.

Las grandes y pequeñas librerías y todas las bibliotecas en los pequeños pueblos, como Ravenna, Ohio, donde crecí. Gracias por compartir el gozo de la lectura.

Y, como siempre, mi gratitud infinita a la Fuente de todo, el Dios de mi alegría.

Acerca de la autora

Regina Brett es la autora del *best seller* del *New York Times*, *Dios nunca parpadea: 50 lecciones para las pequeñas vueltas que da la vida*. También es columnista del *Plain Dealer* de Cleveland, Ohio. Ha sido nombrada un par de veces finalista del Premio Pulitzer y ha recibido numerosos reconocimientos a sus escritos, incluyendo el National Headliner Award, por sus columnas sobre el cáncer de mama en 1999 y 2009. Regina también es conductora del programa de radio *The Regina Brett Show*, en WKSU, una filial de la Radio Pública Nacional en el noreste de Ohio.

Vive en Cleveland, Ohio, con su esposo, Bruce.

Su sitio en la red es www.reginabrett.com.